# DIVINE BÉATITUDE

## SÉRIE L'IMPLACABLE

N° 1 IMPLACABLEMENT VÔTRE
N° 2 SAVOIR C'EST MOURIR
N° 3 PUZZLE CHINOIS
N° 4 L'HÉROÏNE DE LA MAFIA
N° 5 DOCTEUR SEISME
N° 6 CONDITIONNÉ À MORT
N° 7 RUMBA CHEZ LES ROUTIERS
N° 8 CONFÉRENCE DE LA MORT
N° 9 LES FOUS DE LA JUSTICE
N° 10 LE TYPHON DU TIERS MONDE
N° 11 MARCHE OU CRÈVE
N° 12 SAFARI HUMAIN
N° 13 ROCK ' N ' DROGUE
N° 14 JEUNE CADRE DYNAMITE
N° 15 CRIMES CLINIQUES
N° 16 POUR QUELQUES BARILS DE PLUS
N° 17 TOTEM ATOMIQUE
N° 18 BIFTONS BIDONS

RICHARD SAPHIR
WARREN MURPHY

# L'IMPLACABLE

## DIVINE BÉATITUDE

TRADUIT DE L'AMÉRICAIN
PAR FRANCE-MARIE WATKINS

PLON

Titre original :

HOLY TERROR

Maquette de couverture : Loris



ISBN : 2 - 259 - 00652 - 3

Édition originale :
ISBN : 0 - 523 - 00640 - 3
PINNACLE BOOKS. INC. NEW YORK
New York N. Y. 10016

# CHAPITRE PREMIER

*Il y a beaucoup de choses saintes,*
*mais peu de saints hommes.*
Maison de SINANJU

Quand le révérend Titus Powell vit les cadavres que l'on entassait sur des chars à bœufs, dans la banlieue de Calcutta, il se demanda s'il consentirait à mourir.

Plus particulièrement, s'il consentirait à donner sa vie pour une jeune Blanche.

Plus particulièrement encore, consentirait-il à donner sa vie pour une *riche* petite Blanche dont le père, il y avait tout juste vingt ans, lui avait inspiré la même question au sujet de la valeur d'une tasse de café. Il se le rappelait nettement. Un face à face avec la mort, ça ne s'oublie jamais.

– Y a personne qui vous empêche de boire cette tasse de café, Révérend. Mais y aura personne pour les empêcher de vous pendre au grand orme à Withers Creek, non plus.

Telles avaient été les paroles d'Elton Snowy,

propriétaire de la pharmacie Snowy, de la scierie Snowy, du drive-in Snowy et de la femme Snowy dans la ville de Jason, Georgie, USA. Mr. Snowy, qui était un Jason du côté de sa mère, se tenait à côté du percolateur encore bouillonnant au comptoir de son drugstore, avec le jeune révérend Powell assis en face d'une tasse à café vide et une foule de jeunes Blancs ricanant derrière lui.

– Je prendrai du sucre et de la crème, dit le révérend Powell, et il vit les canons jumelés d'un fusil lui sauter au nez.

Sur la double détente, à l'autre bout des canons, il y avait un gros index rose. L'ongle était sale. L'ongle, l'index, la main et le fusil appartenaient au contremaître de la scierie Snowy qui, comme chacun le savait à Jason, était le chef du Ku Klux Klan local.

– Une balle ou deux avec ton café, négro? demanda le contremaître.

Le révérend Powell entendit les rires derrière lui, vit Snowy tenir la cafetière au-dessus de la tasse, respira l'arôme du café fraîchement moulu et se dit que, s'il se tirait de cette mauvaise passe, il ne toucherait plus jamais une tasse de café de sa vie.

– J'ai dit une balle ou deux, négro? répéta le contremaître.

– Foutez-moi le camp d'ici, glapit Snowy. Mon drugstore n'est pas un stand de tir.

– Vous allez servir un nègre?

– Vous allez pas me saloper ma salle avec ce fusil.

– Et vous allez pas servir un nègre.

– Hé, monsieur Snowy! cria soudain une voix haletante de la porte du drugstore. Vous avez une fille!

– Si vous vous figurez que je m'en vais permettre des effusions de sang ici, le jour où ma femme me donne une fille, vous avez bien perdu votre tête de cochon, hurla Snowy. Posez-moi ce fusil et venez tous à la maison; on va arroser ça avec quelque chose de bien frais. Je ferme la boutique.

« Tous », naturellement, n'englobait pas le révérend Powell. Mais dans l'euphorie générale il eut bel et bien sa tasse de café, et sans balles.

– Ça passe pour cette fois, dit le contremaître de la scierie en braquant les canons jumelés sur la tasse. Faut pas que ça devienne une habitude.

Mais partout le Sud changeait, et cela finit par devenir naturel pour les Noirs de Jason de déjeuner aux mêmes comptoirs, d'aller aux mêmes cinémas et de boire aux mêmes fontaines que les Blancs et si, vingt ans plus tard, quelqu'un avait demandé si un Noir, et notamment le Très Révérend Powell de l'Eglise Baptiste de Mont-Hope, pouvait aller boire un café chez Snowy, n'importe qui à Jason aurait réagi à cette question en se demandant si celui qui la posait ne ferait pas mieux de rester bien au chaud dans un asile psychiatrique.

A présent, tandis que le char à bœufs avançait près de lui en grinçant sur une lointaine route de l'Inde, le révérend Powell se rappelait ce jour d'autrefois à Jason. Il voyait les cadavres laisser pendre leurs membres du chariot avec un relâchement qu'une personne vivante ne pourrait jamais imiter. Les ventres étaient gonflés mais les côtes ressortaient, les joues étaient creuses sous des yeux vides immobiles, dont le regard ne fixait plus que l'éternité.

La route sentait les excréments humains, et la

matinée n'offrait aucune fraîcheur, rien qu'une chaleur étouffante qui deviendrait intolérable quand le soleil serait levé dans toute sa puissante gloire. Le révérend Powell sentait son costume de toile lui coller au corps comme la veille, mais l'hôtel de la nuit avait été si dégoûtant qu'il n'avait pas osé se changer. Il s'accota contre la Packard grise de 1947 fraîchement repeinte, une voiture qui, à Jason, aurait été abandonnée à la ferraille, et il regarda le chauffeur, un homme à la peau foncée mais aux traits de Blanc. Le conducteur s'était arrêté pour laisser passer une grande vache grise efflanquée aux longs fanons pendouillants. Quelques minutes plus tôt, il avait refusé de s'arrêter pour un bébé pleurant au milieu de la rue parce que c'était ce qu'il appelait un « intouchable ». En Inde, les vaches sont sacrées. En Inde, les moustiques sont sacrés. Tout est sacré en Inde, pensa le révérend Powell, tout, sauf la vie humaine.

Au lieu d'attendre sur le siège arrière graisseux que la vache daigne s'écarter, le révérend Powell était descendu de voiture et, en voyant passer le char à bœufs plein de cadavres, il comprit qu'il devait prendre une décision : continuer vers ce qui, il en était convaincu désormais, serait sa mort, ou retourner à Jason.

Il avait encore plusieurs centaines de kilomètres à faire sur des routes comme celle-ci pour atteindre Patna, au pied des monts Vindhya, Patna au bord du Gange en remontant de Calcutta. La famine ravageait le pays malgré le blé américain qui pourrissait dans les entrepôts de Calcutta, de Bombay et de Sholapur. En dépit de l'aide la plus considérable que l'Amérique ait jamais apportée à un pays avec lequel elle n'avait pas été en guerre, l'Inde continuait à ramasser ses morts de faim dans des chars à bœufs. Pendant ce temps, à New Delhi, des ministres intègres et des conseillers vertueux, qui prétendaient prêcher la morale au monde, dilapidaient l'argent dans l'armement atomique.

Le révérend Powell récita une petite prière et se redressa. La vache n'allait pas tarder à bouger et il devrait lui-même décider s'il continuait sur la route de Patna ou s'il faisait demi-tour vers l'aéroport et retournait là où il pourrait respirer l'air frais des forêts de pins, partager une friture de poisson avec sa famille, ou crier son amour de Dieu à ses ouailles dans la petite église blanche posée dans l'herbe à flanc de coteau, près de la vieille scierie Snowy.

Il sentait que sa vie dépendait de la décision qu'il prendrait mais encore la semaine passée cela ne lui avait pas paru aussi définitif. Difficile, oui; mortel, non. Il avait considéré tout cela comme un exercice pratique de la charité chrétienne.

– Révérend, avait dit Elton Snowy là-bas à Jason, il y avait exactement sept jours, faut m'aider. Et y a que vous pour ça. Voilà une lettre de Joleen. Je crois qu'elle a été, ma foi, plus ou moins kidnappée. Plus ou moins...

– Joleen! La petite Joleen! Jésus, une si jolie jeune fille. Une vraie chrétienne, sauf votre respect, monsieur Snowy.

– Oui, Révérend, une adorable jeune fille, vraiment adorable, répondit Snowy d'une voix troublée.

Le révérend Powell voyait des cernes rouges autour des yeux de Snowy, comme si l'homme le plus riche de Jason avait pleuré.

– J'ai besoin de vous, Révérend. Je sais que Joleen avait l'habitude de filer dans votre quartier et d'y faire le bien et tout. Et je sais que vous et les vôtres, vous l'aimiez bien.

– C'est une charmante enfant, monsieur Snowy. Puis-je vous offrir une tasse de café ? Moi-même, je n'en ai pas bu depuis vingt ans.

– Non, merci, répondit Snowy, et il tendit au révérend Powell une lettre froissée. Lisez ça, je vous en prie. C'est de Joleen à sa maman.

Le révérend Powell lut la lettre et fut dérouté. Cela lui paraissait un message assez plaisant d'une fille qui avait trouvé le bonheur et la communion avec une force divine. Ce qui intriguait Powell, c'était l'allusion au bon travail de son père pour les droits civiques, mais qui n'était rien à côté de l'œuvre du Maître Bienheureux qu'elle avait trouvé à Patna, en Inde.

« Si seulement ton très cher ami, le révérend Powell, pouvait voir le bonheur complet de la Mission de la Divine Béatitude, ici, à Patna, disait la lettre, je serais éternellement reconnaissante. Pour le salut de Jason, il devrait le voir tout de suite. »

Selon l'en-tête de la lettre, la Mission de la Divine Béatitude avait des bureaux à Paris, Los Angeles, New York et Londres. Son siège social se trouvait à Patna. L'image d'un adolescent à la figure ronde était gravée en haut du papier à lettres. Une auréole couleur fuchsia entourait sa tête.

– Je vois que votre fille a fait ce que Notre Seigneur n'a pu accomplir, dit aimablement Mr. Powell. Elle a fait de moi votre « très cher ami ».

– C'est un code, Révérend. Elle a des ennuis. Je ne sais pas trop quel genre d'ennui, mais elle a des ennuis. Elle croit que vous êtes le seul à pouvoir la sauver. Je ne sais pas pourquoi. Peut-être parce que ces Indiens sont des gens de couleur aussi. C'est une bonne petite, Révérend. Je sais qu'elle n'est pas une de vos brebis mais... mais... (Elton Snowy se détourna.) S'il vous plaît, ne faites pas retomber les péchés du père sur la fille.

– Pourquoi n'allez-vous pas à une de ces missions de la Divine Béatitude pour demander de ses nouvelles vous-même?

– Je l'ai fait. J'ai embauché des gens. Des tas de gens. Deux sont allés en Inde. Ils ne sont jamais revenus. Ils se sont joints à ce petit... ce petit « Maître Bienheureux ».

– Je vois, dit le révérend Powell. Ma foi, je me rappelle le jour où Joleen est née. J'étais en train de boire une tasse de café...

– Je ne le demande pas pour moi. Et si jamais il arrivait quelque chose, votre famille ne manquerait de rien. Vous avez ma parole.

– Une offre assez aimable, monsieur Snowy. Mais je sais que ma famille ne manquerait de rien. Parce que si je pars à la recherche de Joleen, vous allez déposer cinquante mille dollars sur le compte fiduciaire de mon notaire.

– Je vous les donne tout de suite, Révérend. En espèces. Je peux aller vous chercher ça en espèces.

– Je ne veux pas de votre argent. Je veux la sécurité pour ma famille au cas où je ne serais plus là pour m'occuper d'elle.

– Une assurance, peut-être? Je pourrais prendre une assurance de cent mille dollars, Révérend, et...

– Le compte fiduciaire de mon notaire. Si je mourais, ma famille aurait de quoi vivre. Je préfère ne pas avoir à me répéter, s'il vous plaît, monsieur Snowy.

– Certainement. Certainement. Vous êtes un vrai chrétien.

Ainsi, le révérend Powell cherchait maintenant la Joleen de Mr. Snowy et si c'était une bonne action, alors certainement il pourrait se fier au Seigneur. S'il avait la foi, la fille de Mr. Snowy et lui seraient de retour à Jason à la fin du mois. Il rendrait son argent à Mr. Snowy et peut-être cela donnerait-il l'occasion à cet homme cupide de se glorifier d'une charité. L'église avait bien besoin d'un nouveau climatiseur.

S'il avait la foi. Mais c'était bien difficile de garder la foi face à la mort.

La vache regarda autour d'elle avec condescendance, puis elle s'éloigna majestueusement sur la route poussiéreuse à la suite du char qui, si la veille la vache avait été du hamburger, ne serait pas en route à présent vers les fosses communes.

– A Patna. A Patna, dit le révérend Titus Powell de l'Eglise Baptiste du Mont-Hope de Jason.

– J'ai bien cru que vous alliez rebrousser chemin, dit le chauffeur avec un bel accent britannique. C'est ce que les gens font tous quand ils voient les chariots.

– J'y ai songé.

– J'espère que vous n'allez pas avoir mauvaise opinion de l'Inde à cause de ça. Vous savez, c'est presque tous des intouchables, et ils ne font rien pour la vraie grandeur de l'Inde, pas vrai?

– Je vois des gens qui meurent de faim.

– Patna est un drôle d'endroit pour un Africain américain. Vous allez voir un saint homme?

– Peut-être.

– Patna c'est le pays des saints hommes, ha-ha-ha, ricana le chauffeur. Ils savent que le gouvernement ne les touchera pas à cause de la prophétie. Ils sont aussi importants que la vache sacrée tout à l'heure.

– Quelle prophétie? demanda le très révérend Powell.

– Ah, un vieux truc. Nous avons plus de prophéties que de boue dans le Gange. Mais celle-là, tout le monde y croit même s'ils n'osent pas l'avouer, ha-ha-ha.

– Cette prophétie?

– Oui. Bien sûr. Certes. Si quelqu'un fait du mal à un saint homme, un vrai saint homme, à Patna, alors il y aura des grondements sous la terre et le tonnerre viendra de l'est. Même les Anglais y croyaient. De leur temps, il y a eu un tremblement de terre à Patna, et ils ont cherché dans tous les coins un saint homme. Mais tous les riches et puissants saints hommes étaient heureux et en bonne santé. Finalement, ils ont découvert que le plus minable des fakirs, qui vivait au pied des montagnes, avait eu son repas volé. Son dernier repas. Et peu de temps après, il y a eu l'invasion japonaise. Et une autre fois, un saint homme avait été arrosé d'huiles parfumées et on y avait mis le feu parce que la concubine d'un maharadjah disait qu'il avait une belle âme. Et il y a eu l'invasion des Mongols. Depuis, tous les saints ordres entreprenants ont au moins une maison à Patna. Le gouvernement les respecte, ça oui.

– Savez-vous quelque chose de la société anonyme de la Mission de la Divine Béatitude?

– Oh, une des américaines. Oui, beaucoup de succès.

– Avez-vous entendu parler du Maître Bienheureux?

– Le Maître Bienheureux?

Le révérend Powell tira de sa poche la lettre de Joleen.

– Son nom indien est Maharaji Gupta Mahesh Dor.

– Le petit Dor? Oui, bien sûr. Bien sûr. Si vous savez bien lire et écrire l'anglais, il y a toujours du travail chez lui. Et si vous pouvez...

Le chauffeur s'interrompit, et Powell eut beau insister, il refusa de dire quel autre genre de personne pouvait toujours trouver du travail chez le petit Dor.

Patna, comme le reste des régions ravagées par la famine, emportait ses morts dans des chariots. Une Rolls-Royce impatiente les doubla à vive allure et le chauffeur de Powell déclara que c'était un ministre se rendant à Calcutta pour une importante conférence sur les atrocités des Américains impérialistes, par exemple le refus de financer de nouveau une bibliothèque révolutionnaire à Berkeley, en Californie.

– Ce sera un beau discours, dit le chauffeur. J'ai lu qu'il allait appeler la fermeture de la bibliothèque par son nom : une atrocité raciste répressive génocide.

La Packard 1947 cahota sur une légère bosse et le cœur du révérend Powell se serra. Le chauffeur n'avait pas manqué le petit bébé basané. Peut-être était-ce une chance pour l'enfant.

– Et voilà, vous y êtes, annonça le chauffeur en s'arrêtant devant un lourd portail de bois renforcé de clous d'acier, haut de près de deux étages et flanqué de murs de ciment blancs, ayant tout l'aspect d'une prison.

– Est-ce la mission de la Divine Béatitude? On dirait une forteresse.

– Pour l'esprit occidental, ce qu'il ne comprend pas est menaçant. Il voit son propre mal sous tout mystère. Nous n'avons pas d'hommes armés de lances comme votre pape.

Le révérend Powell tenta d'expliquer qu'il était baptiste, que le pape n'était donc pas son chef spirituel et que d'ailleurs la Garde suisse du Vatican n'était qu'une attraction touristique et que les armes étaient simplement décoratives. Le chauffeur parut comprendre tout cela jusqu'à ce qu'il touche son pourboire, après quoi, sur un joyeux *cheerio* et *tally ho,* il partit en criant que la papauté était un instrument de la Central Intelligence Agency et tout ça, quoi.

Le révérend Powell lui cria qu'il voulait qu'il l'attende pour le retour mais il crut entendre simplement un rire fusant de la Packard 47 hoquetante.

Quand Powell se retourna vers la porte de la mission, il vit qu'elle s'était ouverte. Un prêtre indien en robe rose, debout sur le seuil, lui souriait. Il avait une rayure argentée verticale au milieu du front.

– Soyez le bienvenu, Révérend Powell. Voici bien des jours que nous vous attendons.

Le révérend Powell entra. Il ne vit personne fermer la lourde porte de bois et de métal, et pourtant elle se ferma en gémissant.

Un magnifique palais rose se dressait au milieu de la cour, contre la toile de fond des lointains monts Vindhya couronnés de neige. Des reflets de verres multicolores scintillaient sur le rose et, au centre du palais, une coupole d'or étincelante força le révérend à détourner les yeux.

– Oncle Titus, oncle Titus. Vous êtes ici! Ouaouh!

C'était la voix d'une jeune femme. Il crut reconnaître celle de Joleen mais elle émanait d'une jeune personne aux yeux très sombres qui courait, ses sandales claquant à chaque pas. Elle avait la figure enveloppée de mousseline rose et un trait d'argent lui fendait le front. En s'approchant de lui, elle dit :

– Je ne devrais peut-être plus dire « ouaouh ».

– Joleen. C'est vous?

– Vous ne m'avez pas reconnue? J'ai tant changé, hein?

– Vos yeux.

– Ah, la béatifique perception.

Elle prit les fortes mains fatiguées du révérend Powell, lui arracha la vieille valise d'osier, puis d'un signe elle fit accourir un prêtre pour la prendre.

– On dirait un maquillage au fusain sur vos paupières, dit le révérend Powell.

Il sentit les ongles de Joleen chatouiller sa paume et retira instinctivement sa main. Elle rit.

– Le maquillage des yeux est externe. Vous voyez le maquillage avec vos yeux. Mais vous ne voyez pas ce qui se passe derrière mes yeux, les yeux qui nagent dans des lacs de fourmillements.

– De fourmillements? demanda Powell.

Essayait-elle de lui communiquer quelque chose en code? Le maquillage des yeux était-il une drogue? Y avait-il des micros? Tout cela paraissait bien singulier au révérend Powell.

– La sensation derrière mes yeux. Nous avons été créés pour jouir de nos corps, pas pour souffrir avec eux. Le Maître Bienheureux, que tous louent son nom, nous a appris à nous libérer. Le fourmillement fait partie de la liberté.

– Je comprends, nous avons reçu votre lettre, votre père, mon très cher ami, et moi.

– Ah ça? Louons tous le nom du Maître Bienheureux. Loué soit son nom infini, loué soit son être infini. Il est merveilleux dans sa vie et sa vie est notre preuve. Louée soit la vie maîtresse bienheureuse.

– Joleen, mon enfant, y a-t-il un endroit où nous pouvons parler en particulier?

– Rien n'est particulier à celui qui sait tout.

– Je vois. Alors peut-être aimeriez-vous repartir avec moi ce soir ou dès que possible, pour diffuser la bonne parole à Jason, dit le révérend Powell en examinant les murs.

Debout le long de ces murs, il y avait des hommes en robe, enturbannés, armés de mitraillettes et de cartouchières sacrées. Le sol de la cour était délicatement pavé de carreaux de céramique rouge incrustés d'or. Le révérend Powell entendait le bruit profane de ses lourdes chaussures de cuir en entrant dans le bâtiment sous la coupole d'or avec la fille qui avait été Joleen Snowy. A l'intérieur, la splendeur orientale disparut dans une bouffée d'air froid. Il foulait du linoléum, les climatiseurs cachés le faisaient grelotter, l'éclairage indirect était reposant bien que surprenant. C'était bon d'avoir froid et d'être sec, loin de la mort étouffante et poussiéreuse des routes de l'Inde, loin de la boue brune du Gange et du relent de pourriture des corps et des ordures.

De l'eau claire murmurait dans une fontaine chromée. Contre un mur de formica blanc, se dressait un distributeur de sodas rouge vif.

– Le Maître Bienheureux croit que tout est saint qui a été rendu saint, dit Joleen. Il croit que nous sommes ici pour être heureux, et quand nous ne le sommes pas, c'est parce que nous nous sommes empoisonné l'esprit. Ne soyez pas choqué par le cœur moderne de ce palais. C'est encore une preuve de la vérité du Maître Bienheureux. Vous voulez un soda?

– De tout mon cœur, mon enfant, j'apprécierais beaucoup un soda. Avez-vous des boissons à l'orange, ici à Patna?

– Non. Rien qu'une boisson diététique. Le Maître Bienheureux préfère ça. Si vous voulez de l'orange, allez à Calcutta ou à Paris. Ici nous avons du Tab.

– Je vois que le Maître Bienheureux a un problème de calories.

– Ce n'est pas un problème. Une boisson diététique est une solution.

Le révérend Powell vit une rougeur monter aux joues pâles de Joleen. Une mèche dorée glissait de sous sa capuche rose.

– Nous pouvons partir ce soir pour répandre sa parole, mon enfant.

– Vous croyez que j'ai été kidnappée, n'est-ce pas? N'est-ce pas?

Le révérend Powell contempla la salle fraîche aux murs blancs, semblable à des œufs à la neige étalés sur le plat rose et brun de l'Inde. Du luxe moderne sur un continent de mort nauséabonde. Si c'était moderne, il pouvait y avoir des systèmes d'écoute électroniques. Soudain, il remarqua la pureté de l'air. Il ne respirait plus l'odeur d'excréments humains.

– Mais non, voyons, je ne pense pas que vous ayez été enlevée. Comme je le disais à votre père, mon très cher ami, je voulais simplement venir voir notre petite Joleen.

– Ridicule. Papa n'est pas votre ami. Le jour où je suis née ça a failli vous coûter la vie de vouloir boire un café dans sa pharmacie. Papa est un raciste réactionnaire. Il l'a toujours été. Il le sera toujours.

– Mais la lettre, Joleen? demanda le révérend Powell ahuri.

– Géniale, pas vrai? Encore une preuve de la perfection du Maître Bienheureux. Il a dit que vous viendriez. Il a dit que papa irait vous voir et que vous viendriez me trouver. Il a dit que vous feriez ça à la demande d'un homme qui vous aurait regardé mourir pour une tasse de café il y a vingt ans. Est-ce que ça ne prouve pas son génie? Ah, perfection, perfection, perfection de mon Maître Bienheureux, glapit Joleen en sautant sur place, en battant des mains d'un air extasié. Une perfection. Une perfection. Et encore une perfection.

De portes qu'il n'avait pas vues, des portières qu'il n'avait pas remarquées avant qu'elles ne bruissent, d'escaliers qui s'étaient confondus avec les murs avant qu'il ne distingue des sandales qui descendaient, surgirent des jeunes gens et des jeunes filles, presque tous des Blancs, avec quelques Noirs. Aucun n'avait le type indien sauf une fille qui était plus probablement juive ou italienne, pensa-t-il.

– Je vais vous donner une autre preuve de la perfection de notre Maître Bienheureux, leur annonça Joleen. (Et elle parla de Jason en Georgie, de l'histoire des races, noire et blanche, de la ségrégation qui avait existé entre elles, du Maître Bienheureux affirmant que sa perfection transcendait les race.) Et pour le prouver, voici un homme noir, qui est venu à la demande de mon père, un homme blanc et un ségrégationniste forcené! Louée soit la perfection!

– Louée soit la perfection, psalmodia le groupe. Louée soit la perfection!

Joleen Snowy fit passer le révérend Powell à travers le groupe de jeunes gens, vers une double porte blanche qui coulissa, révélant un ascenseur.

Quand la porte les eut séparés de la foule, Powell murmura :

– Je ne pense pas que la tromperie soit une forme de perfection. Vous avez menti, Joleen.

– Ce n'était pas un mensonge. Si vous êtes ici, n'est-ce pas une réalité, une réalité plus forte qu'un bout de papier? Par conséquent, une plus grande vérité surpasse une petite.

– Vous avez envoyé une lettre trompeuse, mon enfant. Cette tromperie reste une tromperie, reste un mensonge. Vous ne mentiez jamais, mon enfant. Que vous a-t-on fait ici? Voulez-vous rentrer à la maison?

– Je veux atteindre la béatitude parfaite par le Maître Bienheureux.

– Regardez-moi, mon enfant. J'ai fait un long voyage et je suis fatigué. Votre père se fait du souci pour vous. Votre mère se fait du souci. Je me suis fait du souci pour vous. Je suis venu parce que je croyais que vous aviez été kidnappée. Je suis venu parce que votre lettre ressemblait à un appel en code, me demandant de venir. Alors, est-ce que vous voulez rentrer avec moi, retourner à Jason?

– Je suis ici chez moi, Révérend. Et d'ailleurs vous ne comprenez pas. Vous croyez que c'est ce que vous appelez votre vertu chrétienne qui vous a amené ici. Pas du tout. C'est la perfection du Maître Bienheureux, et je suis merveilleusement heureuse pour vous, car maintenant vous allez entrer en béatitude avec nous. Et vous avez failli la manquer à cause de votre âge.

La porte de l'ascenseur s'ouvrit sur une salle meublée de chromes et de cuir noir, de fauteuils profonds et de longs canapés, de tables rondes en verre et d'éclairages qui semblaient tous sortir des pages de ce magazine de luxe que le révérend Powell avait acheté un jour par erreur. Mrs. Powell et lui l'avaient lu, en riant des prix. On aurait pu acheter une maison pour le prix d'un seul de ces meubles.

Il entendit un « pong » métallique venant d'un coin de la salle, qui sentait l'Airwick à la citronnelle.

– Nous y sommes, annonça Joleen. Le saint des saints de la Mission de la Divine Béatitude. Salut, perfection, pleine de grâce.

« Pong », le bruit se répéta. Le révérend Powell contempla la vaste pièce au plafond bas. Le bruit venait d'un appareil. Deux petites mains potelées et bronzées tripotaient le côté du meuble.

– Pong, dit l'appareil.

– Merde, dit une voix derrière le meuble.

– Le révérend Powell est là, ô Maître Bienheureux, psalmodia Joleen d'une curieuse voix aiguë.

– Quoi? grogna la voix derrière le meuble.

– Le révérend Powell est là comme tu l'as prédit, ô Perfection, ô Lumière.

– Qui ça?

– Celui dont tu as perçu la venue. Le chrétien. Le baptiste que nous présenterons comme un converti à la vérité de lumière.

– Quoi? Qu'est-ce que tu racontes?

– Souviens-toi de la lettre, ô Être Parfait.

– Ah oui. Le négro. Amène-le.

Joleen prit la main de Powell et la serra, la figure radieuse, en le tirant avec elle.

– Je n'aime pas ce mot. La dernière fois que j'ai été appelé ainsi, jeune personne, c'était par des voyous dans la pharmacie de votre père.

– Vous ne comprenez pas. « Négro », dans la bouche du Maître Bienheureux, perd tout sens d'injure ou de préjugé. Qu'est-ce que le mot, d'ailleurs, sinon deux syllabes insignifiantes? Né et gro. Rien.

– Ce n'est pas à vous d'en décider. Ni à votre maître.

Quand le révérend Powell vit le Maître Bienheureux il hocha un peu la tête et fit « Mmm-mm », comme pour une confirmation. Plus rien ne pouvait le choquer dans ce bâtiment. Le Maître Bienheureux portait un petit short blanc trop serré et rien d'autre sur un corps bronzé trapu et adipeux.

Il avait l'air d'un cervelas avec un pansement adhésif collé au milieu. Une moustache juvénile s'efforçait de pousser au-dessus d'une bouche aux lèvres ourlées. Une mèche de cheveux noirs gras lui tombait sur le front. Il se tenait devant une espèce de poste de télévision et regardait un point blanc rebondir tout en manipulant des boutons de chaque côté.

« Ping », fit l'appareil, et le point bondit follement d'un côté de l'écran à l'autre.

– Une seconde, dit le gamin qui devait avoir quinze ou seize ans.

Il pinçait nerveusement les lèvres. Il parlait anglais avec un vague accent un peu britannique, comme les jeunes Blancs qui étaient descendus dans le Sud un été, il y avait longtemps, pour défendre les droits civiques.

« Pong. Ping. Pong », fit l'appareil et le Maître Bienheureux sourit triomphalement.

– Bon, d'accord, t'es le négro. Au travail. Je suis le Maharaji Gupta Mahesh Dor. Maître Bienheureux pour toi.

Le révérend Powell poussa un soupir, un soupir fatigué, un soupir de centaines de kilomètres de routes indiennes poussiéreuses. Un soupir de nuits passées à l'arrière d'une voiture. Il soupira le spectacle des monuments humains à la famine que l'on emportait. Le souci d'une jeune Blanche qui avait été si bonne et si amicale avec tous. Tout cela, il le soupira et se sentit affreusement las.

– Voyou, va colporter ton escroquerie dans une autre rue, mon âme appartient à Jésus. Et vous, Joleen, je vous plains. Ce n'est pas un homme spirituel.

– Bien, dit le Maharaji Dor. Nous pouvons nous dispenser des conneries. La combine, voilà ce que c'est. Toi et moi, nous pourrions discuter cent ans sur saint Paul contre les écritures védiques ou n'importe quelle connerie qui a cours aujourd'hui. Voilà ma combine. Je sais comment tu dois vivre pour être heureux. C'est tout. Ta langue est faite pour goûter. Tes yeux pour voir. Tes jambes pour marcher. Et quand ils ne font pas tout ça, c'est que quelque chose ne va pas, pas vrai?

Le révérend Powell haussa les épaules.

– Pas vrai? insista le Maharaji Dor.

– Les yeux voient et les jambes marchent quand Dieu le veut.

– Je veux bien. Maintenant interroge-toi sur tout le bazar. Est-ce qu'on doit se balader avec l'impression qu'on est malheureux? Que quelque chose ne va pas? Insatisfait? Rien n'est aussi bon qu'on le croyait, pas vrai? Pas vrai?

– Jésus est aussi bon que je l'ai toujours cru.

– Sûr, c'est parce que tu l'as jamais rencontré. Si ce Juif rappliquait aujourd'hui, il serait ici si je pouvais lui mettre la main dessus. Pas suspendu avec des clous dans les mains. Enfin quoi, mec, qu'est-ce que c'est que cette combine? Jamais je ne te ferai ce coup-là.

– Loué soit le Maître Bienheureux, s'écria Joleen en battant des mains.

– Du calme, mon enfant, dit sévèrement le révérend Powell.

– Ce que je t'explique, c'est que je te fais éprouver ce que tu dois éprouver. Ton corps va te dire que j'ai raison. Tes sens te diront que j'ai raison. N'essaye pas de les débrancher. Mais même si tu essayes, je gagnerai. Parce que je suis la voie. Vu?

– Maître Bienheureux! cria Joleen et elle jeta son voile de mousseline rose sur les pieds bruns potelés.

Ses cheveux blonds cascadèrent sur le rose du sari. Le révérend Powell vit ses jeunes seins frémir sous la robe. Le Maharaji Dor claqua des doigts et Joleen se dépouilla du sari. Elle se dressa, pâle et nue, souriant fièrement. Comme s'il présentait une tomate à un acheteur, le Maharaji Dor lui pressa le sein gauche.

– Bonne marchandise, dit-il.

Le révérend Powell vit le bout rose du sein durcir entre le pouce et l'index bruns.

– Tu te figures qu'elle n'aime pas ça? demanda le garçon. Elle adore. Alors qu'est-ce qu'il y a de mal? Hein?

Il pinça. Le révérend Powell se détourna. Il n'entendait pas s'abaisser en discutant avec ces païens.

– Tu veux goûter à cette marchandise? Prends-la.

– Bonsoir, monsieur. Je m'en vais, dit le révérend Powell, et le petit Dor sourit.

Alors que Powell faisait demi-tour, il sentit deux mains prendre ses coudes et, comme il se débattait, un collier fut placé autour de son cou et refermé, ses mains tirées en arrière et poussées dans des menottes. Sa tête se renversa, ses pieds furent soulevés. Il se prépara à une chute dure mais tomba dans du mou. Même les menottes paraissaient souples et douces à ses poignets. Des mains s'activèrent sur ses vêtements, déboutonnèrent sa veste et sa chemise et, d'une manière qu'il ne put comprendre, elles les firent glisser de ses bras, et le pantalon de ses jambes, sans défaire les liens. Il regarda les lumières du plafond et la mosaïque de l'insonorisation le long des bandes lumineuses.

Il vit la figure de Joleen juste au-dessus de lui. Il vit sa langue se darder et la sentit au milieu de son front. Les seins fermes lui caressèrent la poitrine, la langue glissa le long de son nez vers sa bouche. Elle lui entrouvrit les lèvres. Il détourna la tête et sentit la langue humide sur son cou.

– Il y a des choses que tu peux détourner, négro, d'autres non, dit le Maharaji Dor.

La langue chatouilla le nombril du révérend et quand elle atteignit son aine il comprit qu'il ne se maîtrisait plus.

– Je vois que ton corps te dit quelque chose, négro. Qu'est-ce que tu crois qu'il te raconte? Tu sais ce qu'il te dit? Tu te figures qu'il se trompe. Tu te figures que tu en sais plus long que le corps que Dieu t'a donné, à ce que tu dis. Quand tu as besoin d'air, tu as besoin d'air. Quand tu as besoin de manger, t'as besoin de manger. Pas vrai?

Le révérend Powell sentit les lèvres humides et brûlantes se refermer autour de lui. Il ne voulait pas que ce soit plaisant, il ne voulait pas que ça l'excite, que ça l'empoigne, le secoue, l'amène au bord d'une intolérable tension. Et puis la bouche disparut et il restait insatisfait. Tout son être frémissait, son corps mendiait.

– Encore, s'il vous plaît, dit le révérend Powell.

– Finis-le, ordonna le Maharaji Dor.

Tandis que l'exquis soulagement le faisait palpiter, le consumait, le révérend Powell sentit monter sa colère. Il avait failli à lui-même, à son Dieu, à cette fille qu'il était venu sauver.

– T'en fais donc pas, mec, dit le Maharaji Dor. Ton corps est plus sain que toi. Tu te sens mal mais pas à cause de ton corps, c'est seulement ta grosse,

grosse fierté. L'orgueil chrétien. Tu as mis ta tête sur le billot pour une tasse de café mais pas pour les droits civiques. Quel genre d'homme regarde le canon d'un fusil et dit « Tire »? Un homme qui se sent inférieur? Des clous. Tu savais foutre bien que t'étais le meilleur dans ce drugstore. Le héros. Même raison, héros, t'es venu ici pour la petite blonde, comment c'est son nom? Tu jouais le grand chrétien. Tendre l'autre joue au Blanc le plus riche de ce patelin, comment c'est déjà? Pas vrai, Grand homme? Quand les grandes gueules t'ont traité d'Oncle Tom, tu t'en foutais. Tu savais qu'ils n'avaient pas le courage de faire ce que tu faisais. De regarder dans le fond du canon d'un fusil et de commander un café. Héros. Ils avaient les colliers, les frusques et les poings levés mais tu avais Dieu. Le magnifique Titus Powell. Je m'en vais te dire ce que tu fais ici. T'es venu prouver que t'es tout simplement le négro le plus formidable du royaume de Dieu. Eh bien, bougre de négro, tu vas pas te faire caresser l'orgueil avec un fusil, ici. Tu vas pas trouver le martyre, ici. Pas de lyncheurs. Tu vas avoir ce que tu as fui toute ta vie. Alors, d'abord, nous nous débarrassons de ce foutu remords.

Une sensation de piqûre au bras droit et puis l'impression irréductible que tout allait bien envahit le révérend Powell. Le bout de ses doigts, ses mains palpitèrent, ses poignets lui parurent vivants et calmes comme ses bras. Ses épaules qui avaient soulevé tant de fardeaux étaient légères, sa poitrine frémissait comme des bulles sous la surface glacée d'un lac paisible. Ses jambes se fondirent dans le sol, il sentit des doigts frais appliquer un onguent sur ses paupières, et puis il y eut des étoiles, de merveilleuses étoiles palpitantes. Il était au paradis et il y avait une voix. Une voix dure, grinçante, mais si l'on disait oui à cette voix tout redeviendrait beau. Et la voix disait qu'il devrait faire tout ce que lui dirait le Maître Bienheureux. La béatitude commençait avec « oui » et finissait avec « non ». Le révérend pensa que cela pouvait durer depuis des minutes ou des jours. Les visages au-dessus de lui changeaient, et à un moment donné, il crut voir la nuit par une fenêtre toute proche. Et il ne cessait de dire à Dieu qu'il regrettait son orgueil et qu'il l'aimait et qu'il regrettait ce que faisait son corps.

Chaque fois, le révérend Powell sentait la béatitude le quitter, et quand il cria le nom de Jésus ce fut carrément de la douleur. Ses mains lui parurent écrasées par de lourdes aiguilles et il cria encore le nom. Et ses jambes ressentirent un craquement d'os, un écrasement, une percée de fer et de toute la force de ses poumons le révérend Titus Powell hurla l'amour de son ami de toujours :

– Jésus, sois avec moi maintenant!

Puis ce fut une vive douleur transperçant son côté droit et avant la ténébreuse éternité du néant, il crut entendre son meilleur ami lui souhaiter la bienvenue.

Le Maharaji Dor s'appliquait à son jeu électronique et gagnait quand un de ses prêtres vint lui annoncer l'échec.

– Qu'est-ce que tu racontes, il est mort? Il vient d'arriver.

– Il y a une semaine qu'il est là, Maître Bienheureux, répondit le prêtre en inclinant sa tête rasée mais en sueur.

– Une semaine, hein? Qu'est-ce que vous avez fait de travers?

– Nous avons fait ce que tu as prescrit, Maître Bienheureux.

– Tout?

– Tout.

– Sans blague? Eh bien, eh bien... Est-ce que le gouvernement est au courant? Pas de nouvelles de Delhi?

– Nous n'en avons pas reçu mais ils sauront. Le bureau des passeports saura. Le ministère des Affaires étrangères saura. Le représentant du Tiers Monde saura.

– Bon, bon. Il y a trois cents roupies, là. Personne d'autre?

– Le représentant du Tiers Monde voudra davantage. Le révérend Powell était peut-être citoyen des Etats-Unis mais, en vertu de sa négritude, il faisait partie du Tiers Monde.

– Tu diras au représentant du Tiers Monde qu'il reçoit cent roupies pour se taire parce que machinchose avait un passeport américain. Dis-lui que s'il avait été africain, il n'y aurait même pas un paquet de cigarettes pour lui, vu?

– Ainsi soit-il.

– Comment est-ce que la môme prend ça?

– Sœur Joleen?

– Ouais, elle, Jo je ne sais quoi.

– Elle a pleuré parce qu'elle dit qu'elle aimait vraiment le révérend Powell et que maintenant il a perdu sa chance de trouver la béatitude.

– Bon. Fous le camp.

– Je m'inquiète quand même du gouvernement.

– Pas la peine. Il n'y a rien à Delhi que trois cents

roupies ne peuvent pas acheter et, d'ailleurs, nous avons la prophétie. La Chine les inquiète. Ils ne viendront pas nous emmerder. Nous sommes des saints hommes, vu? Et ils ne peuvent pas harceler un saint homme à Patna. Tu verras. Le fric, c'est uniquement pour aplanir. Ils croient vraiment à cette connerie de légende.

« Ping. Pong. Ping. »

L'appareil se mit soudain en marche sans qu'on tourne un bouton. Le point blanc dansa follement, le verre de l'écran vibra, l'éclairage indirect jaillit du plafond et tomba. L'obscurité se fit brusquement. Dans un bruit de verre brisé, le prêtre et le Maharaji Gupta Mahesh Dor dégringolèrent comme des pommes sur un toboggan jusqu'au mur du fond, où ils restèrent assommés pendant des heures avant que des mains les soulèvent.

Le Maharaji apprit qu'il avait eu beaucoup de chance. Tout le monde n'avait pas survécu au séisme de Patna. Le lendemain du sinistre des officiels vinrent examiner les cadavres des saints hommes parmi les ruines. Tous avaient trouvé la mort dans le tremblement de terre. Il était donc clair qu'aucun d'eux ne l'avait provoqué.

Aucun personnage officiel, pas un policier ni un soldat ni même le représentant de madame le Premier ministre elle-même ne prit la peine de jeter un coup d'œil aux chars à bœufs grinçant vers les fosses communes. Ils ne virent donc pas un cadavre beaucoup plus foncé que les autres sous la pile d'intouchables, celui qui avait les mains et les pieds percés et une plaie au côté.

Le tremblement de terre avait été si terrible qu'on crut au début que les hommes les plus saints étaient morts. Mais ce ne devait pas être le cas, d'autant que la frontière avec la Chine restait calme. Il n'y aurait pas de terreur venant de l'est.

Mais à l'est, même à l'est de la Chine, dans une petite ville sur la côte de Corée du Nord, un message arriva. Le Maître de Sinanju allait venir bientôt, parce que son travail allait le conduire en Inde, un incident à Patna concernait son employeur. En chemin, il passerait et recevrait, en hommage à son glorieux service, un témoignage triomphal de reconnaissance du village que ses travaux faisaient vivre depuis tant d'années.

## CHAPITRE II

Il s'appelait Remo et il en avait assez des assiettes laquées qui volaient vers sa tête. Des assiettes avec des crocs de chien gravés sur un fond de nénuphars, d'autres qui sifflaient, parfois en tournoyant, en plongeant ou en déviant, parfois droit sur son crâne, assez vite pour le fracturer.

La main gauche de Remo parut monter en flottant et effleurer gentiment la plupart des assiettes. Il y en avait qu'il ne se donnait pas la peine de détourner, et ces assiettes méprisées exigeaient une réponse des muscles et un contrôle de l'impulsion nerveuse encore plus parfaite. L'adresse, ce n'est pas du muscle mais un chronométrage, et ce chronométrage une simple question d'unité, mettre et garder ses perceptions en accord avec la réalité.

Ce geste consistant à empêcher les assiettes mortelles de l'atteindre lui rappelait une simple leçon d'autrefois, quand le Maître de Sinanju s'était servi de lents javelots de bambou qui, sur le moment, avaient paru si rapides que Remo était resté figé de terreur.

Mais ces assiettes venaient cinq fois plus vite, à peine plus lentement qu'une balle de 22. Elles frappaient les coussins derrière lui, déchiraient le velours rouge et brisaient les ressorts du canapé. Pourtant la leçon des javelots de bambou était toujours la même. Ne pas défendre l'endroit où tu n'es pas, mais seulement ce qui t'est précieux. Les assiettes volantes ne le blesseraient que s'il allait à leur rencontre, au lieu de rester dans la zone de son corps et de le protéger simplement de leur intrusion.

La dernière assiette arriva à l'horizontale, au niveau de ses yeux, parut hésiter un instant, puis dévia et passa en s'élevant au-dessus de son oreille pour aller s'écraser contre le mur, où elle ouvrit une fissure d'un mètre dans le plâtre blanc du *Rhoda Motel* de Roswell, Nouveau-Mexique. Au dehors, coulait le Rio Hondo qui en cet été sec n'était guère plus qu'un filet d'eau sur des cailloux.

– Dernière base, cria le lanceur d'assiettes dont la joie sans mélange, croissante, avait fait de la vie de Remo un enfer.

Si on devait vivre un enfer, pensait Remo, pourquoi fallait-il que ce soit au Nouveau-Mexique? Mais c'était là qu'on lui avait dit d'être et c'était là qu'il était. Chiun, le lanceur d'assiettes, n'avait rien contre le Nouveau-Mexique. Il retournait à son village natal de Sinanju, en Corée, que ses travaux entretenaient tout comme l'avaient entretenu les services de ses père, grand-père et ancêtres depuis des temps immémoriaux.

Chiun n'était que le dernier des Maîtres de Sinanju et les services du Maître de Sinanju étaient toujours nécessaires sous un empereur ou un autre. Sous un tsar ou un empereur, un pharaon ou un roi, un président ou un ethnarque. Il y avait toujours du travail pour l'assassin à gages et l'ancienne Maison de Sinanju, source solaire de tous les arts martiaux, était tout simplement le dépôt du monde le plus ancien, le mieux établi, le plus permanent de l'art de l'assassin. A gages.

En Amérique, les services demandés étaient légèrement différents. Le Maître de Sinanju avait été embauché pour entraîner un seul homme, un Blanc, un homme qui avait été publiquement tué, électrocuté. Remo... qui était alors Remo Williams.

Et au cours des années suivantes, l'entraînement avait transformé le système nerveux même, de manière que le corps et l'esprit de Remo pouvaient voir les assiettes voler vers lui et savoir instantanément lesquelles exigeraient une réaction de son corps et lesquelles il pouvait négliger.

– Il n'y a pas de base gagnante, petit père. Le lanceur ne gagne pas des bases. C'est le batteur.

– Tu changes les règles du base-ball parce que je suis coréen et tu me prends pour un ignorant. Tu me voles une base gagnante, dit Chiun, et il croisa ses longs doigts délicats en laissant retomber sur ses mains les manches de son kimono doré à papillons blancs.

Même sa longue barbiche de vieillard parut se reposer triomphalement. Le Maître de Sinanju avait surpris son élève en flagrant délit d'injustice et s'en délectait.

Il en était ainsi depuis que Chiun avait appris que, puisque Remo allait à Patna, en Inde, vers l'ouest en franchissant le Pacifique, ils passeraient près du Japon et de la Corée, et Chiun aurait l'autorisation de passer par son village natal de

Sinanju, même si c'était dans la partie nord et inamicale de la Corée.

Depuis ce jour où Là-Haut s'était fâché à propos d'un incident survenu en Inde – pourquoi l'Inde, Remo n'en savait rien, puisque l'Inde avait à peu près autant de rapport avec la mission de Là-Haut que la soupe aux poireaux-pommes-de-terre avec le carré de l'hypoténuse – depuis ce jour donc, Chiun collectionnait les injustices, en Coréen souffre-douleur de tous les racistes blancs de la terre.

Il retournerait dans son village pour dire aux siens ce qu'il avait enduré pour eux, en louant ses talents pour que l'argent puisse subvenir aux besoins des vieux, des infirmes et des pauvres de Sinanju.

– Si j'étais blanc, ce serait une base gagnante, dit Chiun.

– D'abord, petit père, nous nous exercions. Moi, en tout cas. Ensuite, nous ne jouions pas au baseball.

– Tu ne veux pas jouer avec un Coréen. Comme votre Petite Ligue, deuxième division ou je ne sais quoi. Je comprends. Vous êtes tous les mêmes, les Blancs. Racistes. Mais je me tiens au-dessus de vos mesquineries.

Par la fissure du mur de la chambre du motel, une tête regarda. Quand la figure recula, Remo et Chiun virent un grand chapeau Stetson sur le sommet de la tête qui surmontait une poitrine nue, une taille nue et le reste à l'avenant. L'homme s'écarta plus encore de son côté du mur. Il y avait quelque chose sur le lit. Une chose blonde et insolente et nue comme une tique défroquée.

– Salut les gars! dit-elle.

– Ta gueule, femme, dit l'homme sous le chapeau et il se retourna vers le mur. Vous, là. Vous et le nyaquoué.

– Aha, fit Chiun. Nyaquoué.

– Merde, dit Remo.

– Vous avez entendu. Nyaquoué. Nyaquoué.

– Aha. Aha, dit Chiun. Je me fais humblement insulter. Mais j'endure, car je suis un homme de paix. D'amour. De tranquillité.

– Nous voilà repartis, grogna Remo.

– C'est vous qui avez fait ce trou dans le mur? demanda l'homme sous le chapeau.

Un long index osseux se dégagea de la tranquillité des doigts de l'autre main et se pointa, pour accuser Remo.

– Ah c'est vous, hein? dit le chapeau à Remo.

– Vous avez apporté du malheur dans ma vie, répondit Remo.

– Tu veux du malheur, hein? Tu vas en avoir, du malheur, gronda l'homme sous le chapeau, et Remo le vit enfiler des bottes de cow-boy en cuir ciselé, ramasser un revolver à six coups étincelant sur un tas de vêtements et disparaître.

Remo entendit la porte de la chambre voisine s'ouvrir et se refermer, puis on frappa à leur porte.

– Ce n'est pas fermé, cria-t-il.

L'homme entra, tout son mètre quatre-vingts, un mètre quatre-vingt-sept avec les bottes. Le revolver était braqué sur la tête de Remo.

– Bougre de salaud, tu viens nous emmerder, ma petite amie et moi! Je te fais sauter la tête.

– Fais ça, Clete! glapit la fille de l'autre côté du mur. Vas-y, fais-le! Tue-moi quelqu'un. Si tu m'aimes, tue-moi quelqu'un.

Elle sauta du lit, ses seins bondissant gaiement devant elle et vint coller sa figure au trou. Remo sentit une haleine empuantie par l'alcool.

– Lequel tu veux d'abord, Loretta? demanda l'homme au revolver.

– La violence des Américains est choquante, murmura Chiun.

– Descends-moi le petit nyaquoué bavard, Trésor, dit Loretta.

– La violence contre une minorité, entonna Chiun. Battu, méprisé et abusé.

– Quand est-ce que vous avez été battu, méprisé et abusé? Jamais un Maître de Sinanju n'a souffert, dit Remo.

Clete rabattit le chien du revolver. Chiun leva les yeux au ciel, l'image de l'innocence béate. Martyr du racisme triomphant. Il y avait une petite fausse note dans sa souffrance. Alors que le revolver se levait, prêt et braqué, que l'index se refermait sur la détente, une assiette blanche vola à une telle rapidité qu'un sillage la suivit; elle se glissa sous le chapeau là où avait été la bouche de Clete, là où avait été la joue de Clete et où il n'y avait maintenant plus que le chapeau et la moitié supérieure d'une figure mordant une assiette blanche qui se remplissait de sang et les restes d'une mâchoire inférieure étalant du rouge et des fragments d'os sur un torse velu. Le revolver tomba sans avoir tiré.

– Ben merde alors! s'exclama Loretta. J'ai jamais ce que je veux! Clete? Clete? Clete?

Clete s'affala en avant sur la moquette grise. Autour de sa tête, le gris fonça en une mare qui allait s'élargissant.

– Il ne tirait même pas son coup correctement non plus, observa Loretta. Hé, les gars, vous en voulez un bout?

– Un bout de quoi? demanda Chiun qui se méfiait de toutes les habitudes alimentaires occidentales.

Il avait promis à Remo un vrai repas, quand ils seraient à Sinanju, glorieux foyer de l'Orient, perle de la baie occidentale de Corée.

– Un bout de moi, Pépé.

– Je ne suis pas un cannibale, répliqua Chiun.

Remo fut certain que cette offre trouverait aussi sa place dans les récits d'Amérique... comment non seulement il y avait des cannibales, là-bas, mais certains même se proposaient comme dîner. Cette singularité resterait gravée dans la mémoire du Maître de Sinanju.

– Oh non, pas ça, expliqua Loretta, et elle fit un cercle avec le pouce et l'index d'une main qu'elle pénétra promptement avec son autre index. Ça.

– Vous n'avez rien fait pour me mériter, dit Chiun.

– Et toi, mon mignon? demanda-t-elle à Remo qui mesurait plus d'un mètre quatre-vingts et qui avait un corps mince et musclé fait pour éveiller le désir de bien des femmes simplement quand il entrait dans une pièce.

Il avait des yeux noirs, profondément enfoncés au-dessus de pommettes saillantes, et ses lèvres minces dessinèrent un petit sourire. Il avait des poignets épais.

– Il faut que je me débarrasse du cadavre, dit-il en regardant le mort tout nu.

– Mais non. Sa tête est mise à prix. Clete est

recherché dans trois États. Vous allez être célèbres. Célèbres!

– Vous voyez ce que vous avez fait, dit Remo accusateur.

Chiun détourna la tête, au-dessus de tout ça.

C'était heureux, se dit Remo que la chambre ne fût qu'un lieu de rendez-vous; aucun des lourds bagages de Chiun ne les accompagnait.

– Où est-ce que vous filez comme ça? La télévision va venir, les reporters, vous serez célèbres!

– Ouais, au poil, grogna Remo, et ils s'élancèrent dans le couloir du motel suivis par les cris de la blonde.

Ils filèrent de telle façon qu'elle crut les voir courir sur la nationale en direction du Texas alors qu'ils avaient glissé dans le lit à sec du Rio Hondo où ils marchèrent en amont sur deux cents mètres et attendirent l'arrivée de la police, de l'ambulance et des journalistes. Le second jour, quand une certaine Chevrolet Nova grise apparut sur la route, Remo sortit du lit de la rivière et leva le bras.

– Un petit incident, Smitty, dit-il au conducteur, un homme d'une soixantaine d'années à tête de citron, prévenant ainsi toute question sur sa présence dans le lit du fleuve au lieu de celui du motel.

Remo fit signe à Chiun de monter vers la voiture mais le Maître de Sinanju ne bougea pas.

– Je désire parler à l'empereur Smith, déclara Chiun.

– Bon, dit Remo en soupirant. Il ne veut parler qu'à vous, Smitty.

En regardant la tête grise de Smith disparaître dans le lit de la rivière derrière le gros buisson où

Chiun était assis, il ne put s'empêcher de penser à sa première rencontre avec Smith. Remo venait de revenir à lui au Sanatorium de Folcroft, au bord du détroit de Long Island, il y avait maintenant bien longtemps. On lui expliqua qu'il avait été recruté, au moyen d'une électrocution bidon pour un meurtre truqué, afin de travailler dans une organisation secrète, qui agirait discrètement, en dehors des lois, permettant ainsi à la police d'être plus efficace.

Smith était à la tête de cette structure et, à part Remo et le président des Etats-Unis, le seul à en connaître l'existence. Remo vivait depuis de longues années avec le secret. Il était officiellement mort et maintenant au service d'une organisation qui n'existait pas. Il était une armée d'un seul homme, et Chiun son entraîneur.

Remo regarda Smith remonter.

– Il veut des excuses, annonça Smith qui portait, même à Roswell, Nouveau-Mexique, un costume gris et une chemise blanche.

– De moi? s'étonna Remo.

– Il veut que vous retiriez vos réflexions racistes. Et je pense que vous devriez savoir que nous attachons un grand prix à ses talents. Il a rendu un inestimable service en vous faisant ce que vous êtes.

– Qu'est-ce que j'étais pendant que tout ça se passait? Un simple badaud?

– Faites simplement des excuses, Remo.

– Allez vous faire mettre par un âne rouge.

– Nous n'allons pas partir d'ici avant que vous ne fassiez des excuses. Franchement, je suis surpris que vous soyez raciste. Je croyais que vous vous entendiez très bien avec Chiun.

– Vous n'y êtes pas. C'est notre truc. Vous n'y comprenez rien, et ça ne vous regarde pas.

Remo ramassa un caillou, le lança, tranchant un cactus à sa base, à vingt mètres.

– Tant que vous n'aurez pas fait d'excuses, nous n'irons nulle part, insista Smith.

– Eh bien, nous n'irons nulle part.

– Contrairement à vous deux, j'ai besoin d'eau, d'abri et de repas à intervalles raisonnables. Et puis je n'ai pas une semaine à attendre dans un lit de rivière du Nouveau-Mexique!

– Avec tous vos ordinateurs là-bas à Folcroft, je me demande pourquoi vous vous intéressez à nos petites affaires, ici dans le Rio Hondo.

– D'après ce que j'ai cru comprendre, d'après Chiun, vous êtes ici parce que vous avez changé des règles de base-ball contre lui et vous avez incité un autre Blanc à prendre votre parti. Si j'ai bien compris, il consentira à oublier cet affront s'il reçoit des excuses en bonne et due forme. Une histoire de gages.

– Programmez ça dans votre ordinateur. La dernière fois que Chiun a voulu un gage, c'était Barbara Streisand [1]. Vous êtes prêt pour ça?

Smith s'éclaircit la gorge :

– Allez lui dire que vous regrettez pour que nous puissions nous occuper de l'affaire en cours. Nous avons du travail. Un travail important.

Remo se résigna. Il trouva Chiun où il l'avait laissé, dans la position du lotus, le vent du désert jouant avec sa barbiche. Remo lui parla très brièvement et remonta auprès de Smith.

1 Voir Implacable N° 15 : *Crimes cliniques.*

– Ecoutez ça. Le gage qu'il veut pour panser sa blessure c'est quatorze vaches grasses, un taureau de concours agricole, des canards, des oies et des poules par centaines, des pièces de soie de la longueur des murs du château (des murs de Folcroft puisqu'il considère encore la couverture du sana comme un château), dix servantes et cent chariots de notre meilleur riz sauvage.

– Quoi? s'écria Smith sans pouvoir y croire.

– Il veut le rapporter à Sinanju avec lui. C'était une erreur de lui dire la semaine dernière qu'il pourrait passer par son village. Maintenant il veut rapporter un petit quelque chose pour montrer qu'il n'a pas perdu son temps en Occident.

– Je lui ai déjà dit que vous deviez y aller en sous-marin. C'est ainsi que l'or est livré à son village. Je pense que ça suffit. Vous savez que nous sommes censés être une organisation secrète, pas un cirque. Dites-lui que c'est bien assez de lui fournir le moyen de transport jusque chez lui.

Remo se résigna derechef, retourna auprès de Chiun et revint encore plus vite.

– Il dit que vous êtes raciste aussi.

– Dites-lui que nous ne pouvons pas effectuer la livraison de tout ça, pas avant d'avoir établi des relations diplomatiques avec la Corée du Nord. Dites-lui que nous lui donnerons un rubis gros comme un œuf de pigeon.

La réponse de Chiun par l'intermédiaire de Remo fut que chaque Maître de Sinanju qui s'était aventuré avant lui au-delà des mers était revenu à Sinanju avec des tributs à sa gloire. Tous sauf celui qui avait le malheur de travailler pour des racistes.

– Deux rubis, dit Smith.

Et quand il fut convenu sous le soleil brûlant du Nouveau-Mexique que le tribut à Chiun serait deux rubis, un diamant de la moitié de leur taille et une télé couleur, Smith fut informé que le seul bon côté des Américains était leur faculté de reconnaître leurs défauts et de tenter de s'amender.

Dans la voiture, Smith exposa le problème. CURE, l'organisation qu'il dirigeait et pour laquelle travaillaient Chiun et Remo, avait perdu quatre agents enquêtant sur la mission de la Divine Béatitude S.A. Si la MDB S.A. n'était guère qu'une escroquerie comme on en voit tant, ses implications inquiétaient Smith. Des milliers de fanatiques religieux lâchés sur un pays et dirigés par – il n'y avait pas d'autre mot – un esbroufeur.

Chiun, sur le siège arrière, trouva cela horrible.

– Il n'y a rien de pire qu'un esbroufeur. Malheur au pays où vient l'esbroufeur, car ses champs seront stériles et ses jeunes filles abandonneront leurs tâches pour le vide de ses paroles.

– Nous avons pensé que vous, avec votre connaissance de l'Orient, seriez particulièrement précieux en cela, dit Smith en jetant en coup d'œil à son rétroviseur.

Remo avait déjà observé comment Smith conduisait; toutes les dix secondes il levait les yeux vers le rétroviseur et tous les cinq coups d'œil il y en avait un pour le rétro d'aile. Il conduisait ainsi sur la route et dans une allée de jardin, avec la même discipline obstinée. Le président défunt, qui avait créé CURE, avait bien choisi son homme, un individu strictement maître de lui, un homme que l'ambition ne pousserait jamais à se servir de l'Organisation pour s'emparer du pouvoir, un homme incapable d'ambition parce qu'elle exigeait de l'imagination, et Remo était certain que le dernier fantasme à s'insinuer dans le sévère esprit yankee de Smith avait été des farfadets dans le placard et est-ce que maman voudrait bien ne pas éteindre la lumière.

– Sinanju est là pour servir la vérité et l'honnêteté, déclara Chiun, et Remo, écœuré, regarda par la vitre.

– C'est pourquoi j'ai dit à Remo que nous vous offririons un petit séjour chez vous en prime, pour vous remercier du merveilleux travail que vous avez accompli sur sa personne.

– Ce n'était pas facile, si l'on songe à l'état de la matière première, dit Chiun.

– Nous le savons, Maître de Sinanju, dit Smith.

– A propos d'esbroufeurs, intervint Remo, ils sont gros comment, vos rubis, Chiun ?

– Il y a une différence entre accepter un tribut mérité et une escroquerie. Hélas, un raciste ne peut le comprendre. L'empereur Smith, qui n'est pas raciste, le comprend, lui. Il comprend même si bien la signification d'un tribut que pour rehausser son image dans le village reconnaissant de Sinanju, il est autorisé à faire gracieusement don de trois rubis et d'un diamant, au lieu de deux rubis et un diamant ce qui serait probablement le tribut des Chinois. Voilà, Remo, l'honnêteté du très honorable Harold W. Smith, directeur du Sanatorium de Folcroft, un homme mieux fait pour gouverner que votre Président et un homme qui n'aurait qu'un mot à dire pour que l'injustice de ce gouvernement soit réparée.

Smith s'éclaircit la gorge, et Remo rit tout bas.

– Pour en revenir à notre affaire, reprit Smith, nous avons eu de la chance. Un des convertis de la Divine Béatitude a déserté. Il était à Patna et nous l'avons renvoyé pour l'aider à accomplir ce que les fidèles du Maître Bienheureux appellent je ne sais quelle grande chose. Notre homme a été élevé au rang de, je ne sais trop, d'archiprêtre, je crois. Comme vous le savez, notre organisation travaille avec des gens qui ne savent pas ce qu'ils font.

– Pan dans le mille, Smitty.

– J'allais ajouter, en dehors de vous et moi. Chiun, comme vous le savez, me prend pour un empereur.

– Ou un pigeon, dit Remo.

– Un excellent empereur, déclara Chiun. Dont la générosité lui vaudra la gloire éternelle.

– Une des personnes qui nous renseigne, sans le savoir, travaille dans la presse, sur la côte, et quelqu'un lui a parlé de quelque chose d'énorme, de vraiment énorme qui allait se passer en Amérique et que seul quelqu'un d'aussi astucieux que le Maître Bienheureux pourrait réussir. Le plus gros de tous les temps, dit-il.

– Le plus gros quoi? demanda Remo.

– C'est ce que nous ignorons. Nous savons qu'avec une armée de fanatiques religieux, ça pourrait être n'importe quoi. Pour cette raison nous avons fixé le rendez-vous au *Rhoda Motel.* Ce truc de la Divine Béatitude a tellement d'affiliés que je ne puis me fier à aucun des réseaux habituels. Alors j'ai fixé le rendez-vous ici. Entre nous, je me suis un peu inquiété quand je vous ai vu m'attendre dans le fossé. Le Maître Bienheureux a fait lancer un mandat d'arrêt contre le dissident par un de ses fidèles, un shérif. Dans trois Etats. Le pauvre diable se cache. Nous nous sommes arrangés pour le cacher près de vous, pour que vous puissiez l'interroger. Je suis sûr que vos méthodes d'interrogatoire peuvent obtenir n'importe quoi.

– Le dissident? Il s'appelle Clete? demanda Remo.

– Il se cache sous ce nom.

– Sa petite amie s'appelle Loretta?

– Oui, oui, exact.

– Un grand type? Un mètre quatre-vingt-sept en bottes?

– Oui. Vous l'avez rencontré?

– Avec un Stetson?

– Oui, c'est lui.

– Avec une assiette dans la bouche qui lui a sectionné la colonne vertébrale?

– Non, bien sûr que non.

– Maintenant si, dit Remo.

Chiun leva les yeux vers le ciel bleu du Nouveau-Mexique en se demandant de quoi, dans ce pays de racistes, on allait encore accuser un pauvre Coréen.

## CHAPITRE III

– C'était donc ce que vous faisiez dans le lit de la rivière, dit Smith après avoir appris l'incident de l'assiette. Nous devrions peut-être quitter la route. Ils peuvent surveiller le motel. Vous risquez d'être reconnus.

– Nous pourrions aussi être suivis.

– Tout est possible dans un pays raciste, dit Chiun, où des gens tout nus vous envahissent.

Derrière la Chevrolet grise, une Ford beige et crème avec un gyrophare rouge sur le toit et de grosses lettres noires au-dessus de la calandre épelant « Shérif » roulait tranquillement. Quand Remo se retourna pour regarder, la voiture du shérif fit marcher sa sirène et accéléra.

– C'est peut-être le shérif qui travaille pour le Maître Bienheureux, dit Smith.

– Parfait, dit Remo.

– Parfait? Dieu de Dieu, je suis avec vous. Vous connaissez des tactiques pour semer les gens, pas moi. Il ne manquerait plus que ça, que je sois arrrêté au Nouveau-Mexique.

– Vous aimez bien vous faire du souci, hein, Smitty? Expliquez-moi en gros la mission et cessez de vous inquiéter.

– Découvrez ce que cet escroc indien fait avec les Américains. Découvrez ce qu'est le « gros » je ne sais quoi et mettez-y fin si c'est dangereux.

– Vous ne pouviez pas le dire plus tôt? Au lieu de nous obliger à courir à Patna avec cette petite excursion sous-marine en prime à Sinanju?

– Parce que notre empereur dans sa sagesse, déclara Chiun, nous a bénis de ses lumières. Si nous avons l'ordre d'aller à Sinanju, nous irons à Sinanju.

– Il y aura un sous-marin, l'*Harlequin*, à la base navale de San Diego. Le capitaine pensera que vous êtes du Département d'État, en mission secrète. Il imaginera des avances discrètes pour nouer des relations diplomatiques avec la Corée du Nord.

– Je ne comprends toujours pas pourquoi nous passons par Sinanju, grogna Remo. A part que c'est plus près de l'Inde que Kansas City, pourquoi faire le détour?

La voiture du shérif arriva à leur hauteur et un homme à la figure burinée sous un Stetson fauve leur fit signe de s'arrêter sur le bas-côté. Il faisait signe avec un 44 fort convaincant dont le canon avait l'air d'un tunnel.

– Ne soyez pas timide, Remo. Chiun m'a déjà averti que vous songiez à nous abandonner pour aller à Sinanju, berceau de votre entraînement. Et vous êtes assez précieux pour que nous ne voulions pas vous perdre. Alors quand cette affaire d'Inde s'est présentée, j'ai pensé que nous pourrions faire d'une pierre deux coups.

Remo jeta un regard mauvais vers l'arrière où Chiun était sereinement assis, sa figure parcheminée aux traits délicats. L'image même de l'innocence. Smith ralentit.

– Tirez-moi de ce mauvais pas, dit-il entre ses dents tandis que la voiture du shérif s'arrêtait devant eux.

– Un type qui se figure que je vous quitterais pour aller dans un village de pêcheurs de Corée du Nord, de pêcheurs si branques qu'ils doivent louer leurs assassins pour rester en vie, un type qui croirait ça aurait besoin de secours pour traverser une rue.

– Il ne faut absolument pas qu'on m'arrête!

– Si c'est notre shérif, c'est un cadeau, dit Remo.

– C'est, assura Smith en clignant des yeux sur l'homme au Stetson avec étoile et pistolet descendant de sa voiture, notre homme. Probablement. Je crois.

– Bon, ça va, vous. Descendez, et lentement, et que je puisse voir vos mains. Ouste! dit le shérif.

– Vous voulez voir mes mains? demanda Remo.

Il les plaça devant Smith sur le volant puis il se glissa entre Smith et le volant, sortant par la vitre baissée. Les jambes le suivirent dans un même mouvement coulé, et il se retrouva debout, une main posée sur le toit.

– Comment vous avez fait ça? Mince, c'est comme qui dirait que vous êtes passé par la fenêtre!

Le shérif recula pour les couvrir tous les trois.

– Vous voulez voir mes mains? répéta Remo.

– Je veux voir toutes les mains

Smith posa les siennes à plat sur le volant. Les doigts délicats aux ongles longs de Chiun s'élevèrent contre la vitre à côté de lui et, s'ouvrant lentement comme une fleur, ils se rejoignirent et s'entrecroisèrent comme si les deux mains ne formaient qu'un seul poing. Le shérif parut fasciné pendant ce qu'il évalua être une fraction de seconde, car il avait été entraîné à ne jamais quitter des yeux les hommes qu'il braquait. C'était moins qu'un clin d'œil, il en était sûr. Mais ce devait être plus longtemps. Le jeune Blanc tenait son poignet armé, et le shérif ne pouvait pas bouger les doigts ni tirer, il ne pouvait même pas décocher une bonne ruade parce qu'il ne voyait pas le type. Mais il le sentait derrière son cou et contre son échine où il éprouvait soudain deux douleurs aiguës, après quoi ses jambes refusèrent de lui obéir et l'obligèrent à marcher jusqu'à la Chevrolet dont le vieux Chinetoque tenait la porte ouverte. Ses propres jambes montèrent dans la voiture, il sentit comme une compresse chaude un peu plus haut dans son dos et s'assit à l'arrière où il regarda droit devant lui, comme s'il était monté de son plein gré.

– Vous êtes tous en état d'arrestation, dit-il.

– C'est très bien, dit Remo. Tenez ça, vous voulez Chiun?

Pendant un instant, le shérif sentit la compresse et les piqûres d'épingle dans son dos se relâcher et il faillit s'effondrer. Mais la même sensation revint, et il regarda de nouveau droit devant lui, sans aucun contrôle de son propre corps.

Remo sauta de la voiture en disant à Smith de le suivre et alla s'installer au volant de celle du shérif qui tournait au ralenti. Il quitta la route et roula à travers la plaine stérile, où l'air était plus pur et où on apercevait au loin une mesa. Cette mesa était à une bonne demi-heure de conduite et quand il s'arrêta, la Chevrolet derrière lui, il vit que Smith transpirait à grosses gouttes et respirait avec difficulté. Le vieux monsieur dut remarquer son expression car il dit :

– Ça va très bien.

– Non, ça ne va pas, répliqua Remo. Renversez la tête en arrière et soufflez tout l'air de vos poumons. Tout de suite.

Remo regarda la figure de citron se renverser, les lèvres pincées, les joues contractées. Il se pencha dans la voiture et, du plat de la main, il pressa et fit sortir le dernier reste d'air des poumons. Les yeux de Smith s'arrondirent, sa tête se redressa brusquement puis il se détendit et sourit largement. C'était la première fois que Remo le voyait sourire ainsi. Probablement le choc de la relaxation soudaine.

– Aaaaah, fit Smith en aspirant profondément de l'air frais et, comme il se remettait, le sourire disparut. Bien, ne perdons pas de temps. Il faut que je parte d'ici le plus vite possible. Je ne puis en aucun cas être mêlé à cet incident.

– Pas publiquement.

– Pas publiquement, bien entendu.

– Les yeux de l'empereur ne doivent jamais contempler les affaires de l'empereur, déclama Chiun qui tenait toujours le shérif par l'échine comme une marionnette de ventriloque.

– J'aimerais assez voir vos techniques d'interrogatoire, dit Smith.

– Malheureusement, elles sont un secret de Sinanju, elles sont à louer, jamais à vendre.

Quand ils eurent emmené le shérif hors de vue de la voiture, Chiun le posa par terre où il se trouva incapable de bouger et dut écouter une surprenante conversation.

Le jeune Blanc mince voulait savoir pourquoi l'Oriental avait dit à quelqu'un qu'il voulait, lui, aller dans un endroit appelé Sinny quelque chose, et le vieux Chinetoque répliquait que le jeune devrait vouloir y aller, et le jeune disait qu'il n'avait jamais dit qu'il voulait y aller parce qu'il avait tout ce qu'il pouvait supporter de Sinny-djou là, avec lui, en Amérique, et le vieux Chinetoque répliquait qu'il était de Sinny-djou et qu'il retournait chez lui et si le jeune n'était pas assez bon pour vouloir y aller quand il le devait alors ce n'était pas le problème du vieux, et d'ailleurs un empereur ne voulait jamais la vérité.

Est-ce que ce Blanc d'un certain âge au volant était une espèce d'empereur?

Sur ce, la douleur commença. Mais le shérif trouva un moyen de la maîtriser. Il pouvait le faire avec sa voix, en disant des trucs à ces gars. Comme le bonheur qu'il avait trouvé. Ouais, il était un fidèle du Maître Bienheureux, mais il ne le disait pas à ses amis parce qu'ils se foutraient de lui. En fait, un archiprêtre du Maître Bienheureux lui avait dit qu'il valait mieux que presque personne ne le sache. Avec le Maître Bienheureux, il avait découvert la véritable paix et le bonheur, ce qu'il avait cherché toute sa vie. Et, oui, bien sûr, il tuerait pour le Maître Bienheureux parce que le Maître Bienheureux était la vérité incarnée, le centre de l'univers en l'homme. Il se préparait à abattre celui qui se faisait appeler Clete mais il avait découvert qu'on l'avait fait pour lui.

Soudain la peau du shérif fut en feu et même ses

mots ne purent contrôler cette douleur. Non, il ne savait pas quel était le gros plan, simplement qu'il allait se passer quelque chose de grand, et que tous les fidèles allaient être heureux pour toujours et dans les siècles des siècles. Et, non, il n'était pas sûr du nom de l'archiprêtre. Mais on pouvait le joindre dans une maison de San Diego, une petite Mission de la Divine Béatitude. Oui, il était sûr de ne pas connaître le nom. Le type lui avait simplement téléphoné une fois.

– Vous ne pouvez penser à rien d'autre à dire? demanda la voix au-dessus de lui.

– Rien, assura le shérif et il s'envola dans son dernier voyage de béatitude.

Relaxation totale. Ténèbres.

Remo s'éloigna du cadavre.

– Il n'a pas mentionné Sinanju, dit Chiun, mais nous n'avons pas besoin de dire ça à Smith.

– Qu'est-ce que vous manigancez encore? demanda Remo avec méfiance. Qu'est-ce que vous avez raconté à Smith?

– Dans la voiture, l'empereur a voulu savoir ce qu'étaient les anciennes archives de Sinanju et, éprouvant une totale loyauté pour lui, tout comme toi...

– Je n'éprouve aucune loyauté.

– Eprouvant une totale loyauté, tout comme toi, je me suis laissé soutirer ma connaissance des anciennes archives.

– Comme du pipi d'un bébé, grogna Remo.

– Et j'ai dit à l'empereur Smith que nous avions à Sinanju les archives de la lignée de cette créature, le Maître Bienheureux, quel qu'il soit.

– Simplement au cas où un mensonge ne vous

obtiendrait pas une balade gratuite chez vous, un autre pourrait réussir.

– Et l'empereur Smith m'a demandé si je me rappelais ce que disaient ces archives.

– Et vous ne vous rappelez pas, mais si vous y jetiez encore un bon coup d'œil, tout vous reviendrait.

– Quelque chose comme ça. Parfois ma mémoire me trahit. Tu le comprends.

– Je comprends que nous allons d'abord à la mission de San Diego.

Il y eut alors quelques marmonnements en coréen sur l'ingratitude et les personnes sans cœur qui refuseraient à un vieillard mourant la joie de revoir son pays.

– Vous êtes mourant, petit père? demanda Remo, un sourcil haussé exprimant la suspicion.

– Nous le somme tous, mon fils. La mort n'est que la servante de la vie.

– Je me disais aussi.

Dans la voiture, Smith somnolait; la figure ridée paraissait réellement détendue.

– C'est notre homme, lui dit Remo.

– Vous avez obtenu une piste?

– A Sinanju, dit vivement Chiun.

– En passant par San Diego, ajouta Remo.

– Bien, dit Smith. Nous avons surtout peur de l'inconnu, sans doute, et cette chose me fait peur parce que nous ne savons pas au juste ce que c'est. Vous n'avez obtenu aucune indication de ce qui va se passer, n'est-ce pas?

– Quelque chose de grand, c'est tout.

– Je crois que nous avons lu la prophétie des anciens Maîtres Bienheureux, intervint Chiun. Ce n'est pas clair, mais il doit venir un temps où une calamiteuse... voyons... une calamiteuse calamité doit commencer, et une fois la décision prise elle s'abattra vite. Voilà ce que je me rappelle. Le reste est à Sinanju.

– Vous savez, nous pourrions vous déposer tous les deux par avion à Sinanju dès demain, proposa Smith.

– Le sous-marin fera l'affaire, assura Remo. Après l'arrêt à San Diego.

– Chiun est au courant de ces choses. Vous devez l'écouter.

– Et je suis au courant de Chiun. Vous devez m'écouter. Le Maître de Sinanju sait ce qu'il choisit de savoir. Et ce qu'il choisit de ne pas savoir est parfois plus efficace.

– Je ne comprends pas, dit Smith.

– Remo vient d'engager trois fois sa loyauté, dit Chiun.

Il était maintenant en colère contre son élève. On ne doit pas trop raconter aux empereurs de ce qui se passe vraiment.

# CHAPITRE IV

Le Maharaji Gupta Mahesh Dor, Maître Bienheureux, choisi par la force de l'univers, né de ce qui avait été né et de ce qui renaîtrait, prêtait l'oreille aux avertissements de ses prêtres et archiprêtres. Il écoutait, sur le coussin doré de son trône, ce souci-là et cette inquiétude-ci. Il entendait ses femmes et ses hommes parler de tel fidèle perdu, de tel autre tué. On lui parlait de dangers venant de l'est, on le suppliait de retarder, ne fût-ce que d'un an, le grand projet qu'il évoquait parfois et dont tout le monde savait qu'il était pour bientôt.

Des femmes au crâne rasé, des femmes à qui il ne restait qu'une petite mèche sur le front, des femmes aux cheveux longs se prosternaient et touchaient du front le sol de mosaïque. De l'encens fumait dans des vases d'argent incrustés de rubis. Des fleurs fraîches embaumaient.

Et ainsi parla le Maître Bienheureux :

– Franchement, je me fous de ces conneries. Si vous voulez savoir où j'en suis, voilà où j'en suis. Ici.

Sa voix de quinze ans muait, sa figure luisait de

sueur, sa petite moustache faisait de vains efforts pour ombrer sa lèvre supérieure.

– O Être Élu, ô Être Parfait, ne détourne pas de nous ta perfection. Daigne considérer notre supplique, dit un homme à la figure brune parcheminée, un représentant de la tribu Ilhibad qui était descendu des montagnes pour servir le père du Maître Bienheureux et qui servait maintenant le fils, car le fils avait l'esprit du père et l'esprit était parfait. Il montrait le chemin, il était la force qui unissait les fidèles et les faisait croître et multiplier; surtout multiplier. Daigne reconsidérer.

– Reconsidère. Reconsidère. Reconsidère, psalmodia la foule.

– Bon, ça va, ça va, ça va, j'ai pigé. Où est-ce que tu veux en venir, toi, machin-chose?

– N'est-il pas écrit qu'il y a trois preuves de notre vérité?

– Hé, dis donc, mec, c'est moi qui dirige ce bazar. Pas la peine de me faire la leçon. je suis le Maître Bienheureux.

– Premièrement, dit l'archiprêtre en levant les bras au ciel, il y a la preuve de la réalité, de ce qui est. Nous sommes. C'est la preuve numéro un.

– C'est aussi la preuve de Disneyland et du Taj Mahal, marmonna Dor à la cantonade.

Ses yeux se posèrent sur le cou blanc de la fille qui avait fait venir ce baptiste noir, Powell, avec cette lettre. Il se demanda pourquoi le nom de cet homme l'obsédait. De tous les pasteurs qui étaient venus, de tous les gens qu'il avait connus, seul ce nom lui restait. Il regarda le cou, il se rappela le révérend Powell et, en regardant le sari rose moulant les cuisses fuselées, il pensa que ce ne serait pas mal de se retrouver au lit avec cette fille, machin-truc.

– La preuve numéro deux, c'est que depuis des générations nous avons toujours eu un Maître Bienheureux.

– Ce qui prouverait plus l'Église catholique que nous, ronchonna le Maharaji.

– Et, troisième et dernière preuve absolue, nous avons progressé, toujours progressé. D'une poignée d'éclairés au temps de ton arrière-grand-père, un peu plus au temps de ton grand-père, à une plus importante communauté du temps de ton père, nous avons aujourd'hui répandu la lumière sur le monde. Voilà quelles sont les preuves.

– Loué soit le Maître Bienheureux. Loué soit celui qui apporte la paix et le bonheur, louée soit la vérité incarnée, psalmodia la foule.

– Ça va, ça va, grogna le Maharaji.

– Ainsi nous demandons, reprit l'archiprêtre, qu'afin que ta vérité ne soit pas obscurcie par de mauvaises idées, tu remettes ton grand projet d'un an encore, jusqu'à ce que nous soyons délivrés des forces négatives.

– Si nous attendons que les forces négatives disparaissent, nous allons nous faire tartir ici à Patna pendant encore une génération.

– Mais un disciple a été tué d'une façon troublante, un fidèle qui avait des armes.

– Qu'est-ce qu'il fabriquait avec un pistolet? Je suppose que c'était un pistolet? ironisa l'adolescent adipeux.

– Il était shérif. Un homme d'un des nombreux gouvernements d'Amérique. Un homme qui avait vu la lumière de la vérité.

– Je suis navré de l'apprendre. Nous sommes profondément peinés qu'un des vrais fidèles ait été victime d'un sort funeste. Mais il avait connu dans sa vie plus de bonheur que ceux qui n'ont pas été éclairés. Soyons reconnaissants de ce bref bonheur. Affaire suivante!

– La manière par laquelle il a été tué est alarmante, insista le grand-prêtre.

– Tu t'alarmes d'un changement de temps.

– Sa nuque a été brisée.

– Il est tombé.

– Dans un désert américain où il n'y a pas de grande hauteur.

– Bon, il aura trébuché.

– La nuque était brisée, fracassée, pas fracturée. Fracassée par...

– Ça suffit! cria le Maharaji. Je te verrai seul.

Il frappa dans ses mains, se leva de ses coussins dorés et sortit accompagné par les litanies chantées, l'archiprêtre sur ses talons. Quand ils arrivèrent dans la salle de jeux, il remarqua tout de suite un nouvel appareil électronique placé là pour lui, appelé « l'interplanétaire ». Il était allumé et de petites lumières dansaient sur l'écran.

– Ecoute un peu, je te l'ai dit mille fois, pas devant les fidèles. Qu'est-ce qui te prend de leur raconter des histoires horribles?

– Mais, ô Perfect...

– Ta gueule! Est-ce que nous faisons dans le bonheur, oui ou merde?

– Mais...

– Oui ou non?

– Oui, nous donnons la plénitude de bonheur à laquelle l'être humain a droit.

– Donc, si nous sommes le bonheur, qu'est-ce que ça veut dire de raconter toutes ces histoires horribles à la troupe?

– Mais nous sommes en danger.

Le Maharaji tripota des boutons du nouvel appareil et envoya un point brillant zigzaguer autour des obstacles d'un bout à l'autre de l'écran. Au-dessus, un panneau lumineux annonça : « gagné ».

– Si on va vite, on passe les doigts dans le nez. Si on va lentement...

Le Maharaji relâcha le levier, et le signal lumineux entra immédiatement en collision avec un obstacle et fut renvoyé à son point de départ. Le panneau indiqua : « patatras ».

– J'ai entendu parler d'hommes qui sont capables de réduire une nuque en bouillie avec les mains, dit l'archiprêtre.

– Ils avaient peut-être une machine.

– Pas de machine. On n'a vu que des traces de pas autour du cadavre.

– Bon, ils ont fait ça avec les mains. Quel est leur prix? Probable que nous pouvons les avoir à meilleur marché qu'un de nos ministres.

– On ne les a pas trouvés. Je m'inquiète. Car les hommes capables de faire ça sont déjà venus en Inde, je le sais, il y a des siècles. Avant que ton arrière-grand-père voie la lumière. Notre peuple n'a pas toujours été une tribu de montagnards. Les Ilhibads vivaient jadis prospères dans les vallées. Nous servions un grand mogol et un de nos chefs a pensé, pourquoi nous qui sommes la force du mogol, nous qui sommes les fondations du mogol, pourquoi nous contenter des miettes de sa table au lieu de nous remplir le ventre de douceurs?

– Tu n'arrives jamais au fait, hein? grommela le Maharaji.

– Et nos aïeux ont décidé que, le soir du grand festin, ils tueraient le mogol et ses fils et prendraient sa table et ses femmes, ses richesses et son pouvoir. Mais cette nuit-là, un de nos chefs est mort. Dans sa tente entourée de fidèles, il a été découvert la nuque non seulement brisée mais en miettes. Alors un nouveau chef s'est présenté et a déclaré que la nuit suivante on abattrait le mogol. Mais la nuit suivante il était mort lui aussi, son cou n'était que de la peau recouvrant de la bouillie.

– Allez, allez, au fait!

– Et un troisième chef...

– Je sais, je sais, sa nuque aussi. Et alors?

– Alors le grand mogol a convoqué les Ilhibads dans son palais et il nous a alignés devant lui. Il nous a dit que nous nous prenions pour des guerriers mais que nous n'étions que des bébés pour manier l'épée. Et il a fait venir notre meilleur escrimeur. Notre meilleur lancier. Il a fait avancer notre meilleur lutteur. Et il nous a dit que lorsque le tigre n'est pas là, le singe se prend pour un roi. Voici un tigre, a-t-il dit. Et devant tous, un Oriental est apparu, un homme jaune. Et le mogol a promis que celui d'entre nous qui serait capable de tuer cet homme, il pourrait avoir ses terres, ses femmes et sa table.

– Bon, ils n'ont pas réussi, alors continue.

– Oh non, ils n'ont pas réussi! Les mains de celui à l'épée ont été tranchées, les yeux du lancier arrachés, le dos du lutteur fracassé. Les mains de cet Oriental étaient si rapides qu'aucun de mes ancêtres ne pouvait les voir se déplacer. Et puis il s'est penché sur chacun des trois morts et d'un geste si léger qu'il avait l'air d'une caresse, il leur a mis la nuque en bouillie. Alors le mogol a dit que c'était là un tigre et que puisque nous étions des singes nous n'avions qu'à aller là où vont les singes, dans la montagne. Tout homme qui resterait aurait à affronter le Maître. Le mogol appelait cet Oriental Maître. Et il a dit que ceux de mes ancêtres qui reviendraient dans la vallée auraient à affronter le Maître. Voilà l'histoire, et jusqu'à ce jour, ô Perfection, je n'ai plus entendu parler de quelqu'un qui tue de cette façon avant que notre fidèle ne soit assassiné dans l'état du Nouveau-Mexique, en Amérique.

– Et alors? Où est le problème?

– Le problème, ô Perfection, c'est que le jour où cet homme noir de Dieu est mort, la terre a tremblé et je crains maintenant ce qui vient de l'est.

– Tu as peur d'un Chinois?

– De quelqu'un de l'est.

– Dis-moi un peu, machin-chose, comment ça se fait que tu sois descendu des montagnes? Enfin quoi, ton peuple est encore là-haut, non?

– J'ai servi ton père, Être Précieux.

– Je veux bien, mais pourquoi? Pourquoi es-tu descendu?

– Ton père m'a libéré. Il était la vérité qui m'a libéré, moi et mes nombreux frères, entre tout le peuple, alors nous sommes descendus à Patna. Nous sommes les seuls Ilhibads qui osons porter la marque d'argent sur notre front.

– Je suis meilleur que mon père. Et si je ne le suis pas, ta preuve ne vaut rien. Par conséquent, retourne au travail et tâche de rendre heureux les pasteurs baptistes, vu?

– Mon essence ne connaît pas la peur, ô Perfection, mais mon estomac n'écoute pas mon essence.

– Il y a eu un tueur à gages de première qui a flanqué la trouille à toute une tribu, alors nous allons, nous aussi, embaucher des tueurs. Où est le problème et pourquoi pleurer? Nous trouverons des assassins pour nous protéger de ta légende à la con.

– Je chercherai les assassins moi-même.

– Pas question. Je ne me fierais pas à toi ni à tes frères pour mastiquer correctement du chewing-gum. Je m'en occuperai moi-même.

– Mais, Perfection, dans les pays occidentaux la loi interdit d'embaucher des tueurs à gages.

– Ici aussi.

– Mais tu sais que les lois de l'Inde sont des espoirs, alors que celles de ces pays lointains sont des règlements cruels qu'on fait respecter, que l'homme soit un Maharaji ou un intouchable.

Sur ce, le Maharaji Gupta Mahesh Dor ordonna à son archiprêtre :

– Fous-moi le camp et cette fois ne va pas me bousiller mes préparatifs. La location du Stade Kezar coûte une fortune. Et ne t'amuse pas avec les pasteurs baptistes. Tu en as déjà tué un.

– Nous en avons d'autres, ô Maître Bienheureux.

– Ouais, une foutue demi-douzaine.

– Beaucoup se sont révélés difficiles.

– Tout est difficile pour un trouduc.

– Nous en avons un autre qui est mourant, j'ai le regret de le dire.

– Merde, dit le Maharaji. Faut que je fasse tout moi-même.

Il descendit donc à l'infirmerie où un prêtre-gardien lui ouvrit les grilles et alla parler à chacun des pasteurs baptistes. Il était bref mais rassurant, il leur répétait que naturellement ils avaient bien agi. Le Dieu qu'ils adoraient n'avait-il pas créé leurs corps? Est-ce que leurs corps mentaient? Est-ce qu'ils se figuraient que Dieu voulait qu'ils soient malheureux? Et d'ailleurs, qu'est-ce qui les avait amenés là, sinon la volonté de leur Dieu?

A celui qui mourait, le Maître Bienheureux demanda pourquoi il s'infligeait cela. Pourquoi n'appréciait-il pas la vie?

– Votre voie est celle de la mort, râla l'homme, à la figure pâle et hagarde, aux yeux rougis, aux cheveux blancs poissés de sueur.

Le Maharaji renvoya les servantes veillant sur le pasteur. Il rabattit la couverture grise portant la marque de la mission de la Divine Béatitude S.A. et vit que les menottes et les fers aux pieds étaient toujours là. Il y avait huit jours que l'homme était prisonnier et il en était encore au stade un. Dor savait que le corps humain ne pouvait supporter le stade un plus d'une semaine. Il y avait déjà de grands cernes noirs sous les yeux rougis. Il tâta la poitrine du bout des doigts. Le cœur battait très faiblement.

– Tu es en train de mourir, dit-il.

– Je sais, répondit l'homme.

– Dis-moi, pourquoi est-ce que tu as résisté à ton corps? Pourquoi cette folie? Les autres n'ont pas résisté.

– Je le sais.

– Pourquoi toi?

– Je suis déjà passé par là.

– Par Patna?

– Non. Par la drogue. J'étais maquereau, dans le temps. J'étais flambeur. J'étais voleur, assassin et coureur de filles. Vil entre les vils. Et je reconnais une bonne dose quand on m'en colle une. J'ai mis des filles sur le bitume comme ça. Le sexe et la drogue, et elles sont à vous, et plus elles y restent plus elles aiment ça et on n'a même plus besoin de la drogue.

– Je ne savais pas que c'était si courant. C'est intéressant. Je croyais que c'était une formule inventée par mon arrière-grand-père.

– Le diable n'est pas nouveau.

– Oui, mais la combinaison. Le retrait des sens d'une personne et la substitution des sens que l'on veut.

– Vieux comme le monde.

– Mais la drogue n'est pas de l'héroïne. Nous employons une symphonie de drogues avec le discours.

– L'héroïne, l'alcool, l'herbe, même une cigarette si une personne en a suffisamment envie. N'importe quoi. De la bouffe si votre type a assez faim. Vieux comme le monde, mec.

– Alors pourquoi est-ce que tu n'as pas continué?

– Jésus.

– *Ça,* c'est vieux comme le monde, dit le Maharaji.

– Il est neuf et je vais Le voir vivant.

Le jeune homme frotta sa figure lunaire, réfléchit et dit, très lentement, en pesant ses mots :

– Tu sais que nous apportons la paix de l'âme à des milliers de gens? Et sans drogues? Des milliers. Les drogues ne sont que pour les cas spéciaux, ceux à qui nous avons besoin de soutirer quelque chose de spécial.

– Vous apportez une fausse paix.

– Pas moyen de discuter avec les fumiers repentis, maugréa le Maharaji.

– Loué soit le Seigneur.

– Merci, dit distraitement le Maître Bienheureux, puis il s'aperçut que l'homme ne s'adressait pas à lui. Ecoute voir. Je crois pouvoir sauver ton corps. On va conclure un marché.

– Pas de marché.

Les deux yeux de l'homme commencèrent à se voiler. Dor comprit que la mort n'était pas loin.

– Je te donnerai ce que tu veux si tu peux me recommander un bon tueur à gages.

– Un quoi?

– Un tueur professionnel.

– Non, j'ai quitté cette vie-là. Je ne traite pas avec ces gens.

– Ecoute, j'ai cinq autres pasteurs baptistes ici. Cinq. J'en laisserai filer un si tu me donnes le nom d'un bon tueur. Et je veux dire bon. La plupart des gens sont incompétents. Donne-moi le nom d'un type compétent et je rendrai un de tes bonshommes à ton Dieu. Qu'est-ce que tu en dis? Un chrétien garanti pour toi, contre la vie d'une cible qui est fort probablement un païen. Peut-être même un catholique ou un juif. Tu les détestes, pas vrai?

– Non.

– Je croyais que vous vous détestiez tous entre vous.

– Non.

– S'il y a une chose qui abonde en ce monde, c'est les faux renseignements. Alors? Tiens, je t'en donne deux. Je n'aurai plus que trois baptistes. Tu ne peux pas m'en laisser moins.

– Tous.

– Bon, d'accord, tous.

– Libère-les tous de tes mœurs diaboliques et, que Dieu me pardonne, je te donnerai le nom d'un tueur à gages.

– Marché conclu. Tu as ma parole sur tout ce qui m'est sacré. La parole du Maharaji Gupta Mahesh Dor, la perfection sur terre, le Maître Bienheureux. Mon serment secret. Où est-ce que je peux trouver le mec?

Le pasteur mourant parla d'un fleuve appelé le Mississippi. En le remontant depuis La Nouvelle-Orléans, il y avait de nombreux villages. Certains avaient été fondés par les Français. Dans une de ces petites villes il y avait une famille appelée De Chef, mais qui portait maintenant le nom de Hunt. La famille s'était transmis ses méthodes de père en fils. C'était les meilleurs tireurs d'élite du monde. Mais il y avait vingt-cinq ans de cela. Il ne savait pas s'ils exerçaient toujours.

– Une fois dans le racket, toujours dans le racket, déclara sentencieusement le Maharaji. Comment c'est le nom, déjà?

– De Chef ou Hunt.

– A quelle distance, en amont de La Nouvelle-Orléans? Hein? A quelle distance?

Dor plaça sa main sur la poitrine de l'homme. Il ne sentit rien. Il posa son oreille contre la peau blême, qui lui parut froide. Rien. Il courut au pied du lit, arracha la feuille du malade et vit une ligne descendante. Un stylo bille était suspendu à côté. Précipitamment, il écrivit le nom. De Chef.

Il arracha la feuille et sortit de la salle. Dans le couloir, il trouva un des anciens pasteurs baptistes.

– Ô Maître Bienheureux, j'ai entendu ta promesse de me renvoyer à mon ancienne vie. Je t'en supplie, ne fais pas ça. Ici, j'ai trouvé la vérité.

– Qu'est-ce qui te fait penser que je vais te virer?

– La promesse que tu as faite à celui qui n'a pas vu la lumière.

– Ah, le machab?

– Oui. Tu as donné ta parole par tout ce qui t'es sacré.

– Je suis sacré pour moi. Tu es sacré pour moi. Nous sommes sacrés pour nous. Cette charogne-là n'a pas vu la lumière, alors elle n'est pas sacrée. On ne profane pas la sainteté en l'assujettissant au profane. Par conséquent, je ne suis pas assujetti.

– Louée soit ton éternelle vérité, dit l'homme, et il couvrit de baisers les pieds de Dor.

Ce n'était pas commode, parce que le Maître Bienheureux marchait. Très vite. Il fallait maintenir une bonne allure sinon ils vous inondaient les pieds de salive.

– Qu'est-ce que nous avons à La Nouvelle-Orléans? demanda le Maître Bienheureux à un de ses archiprêtres. Nous devons bien y avoir une mission. C'est un important marché. Je le sais.

## CHAPITRE V

La Mission de la Divine Béatitude, dans Lorky Street à San Diego, ressortait comme une figure bien lavée dans un rassemblement de clochards. Ses fenêtres étincelaient, ses murs blancs étaient crépis de neuf. Tout autour, les maisons de bois vétustes s'affaissaient, exposaient leurs planches grisâtres comme des cadavres nus attendant d'être enterrés. De l'herbe poussait dans la rue, dernier vestige des pelouses qui existaient avant que le quartier ne soit victime d'une politique du logement qui aidait les gens à accéder à la propriété sans aucun acompte ni aucun espoir de payer les échéances suivantes. Les « acheteurs » avaient vécu un an dans les maisons, ou moins, les avaient laissé se détériorer et puis avaient filé en laissant les traites impayées et les maisons décrépites restèrent vides.

Remo contempla la rue sous le soleil de l'après-midi et soupira.

– C'est de cette ville que je suis parti pour le Vietnam. Je sortais avec une fille qui habitait cette rue. Je me rappelle cette rue. Elle était belle. Je croyais que je me battais pour posséder un jour une maison dans cette rue. Ou une autre pareille. Je pensais à des tas de choses.

– Une fille acceptait de sortir avec toi, comme tu étais avant que je te trouve? demanda Chiun.

– J'étais plutôt beau gosse.

– Pour qui?

– Les filles.

– Ah! fit Chiun.

– Pourquoi cette question?

– Je me demandais simplement ce que les Américains trouvaient beau. Il faudra que je raconte ça à Sinanju quand nous y retournerons. C'est la promesse de Smith et on ne peut pas rompre la promesse d'un empereur.

– Vous ne m'avez jamais dit ça. Vous m'avez toujours dit que ce qu'un empereur ne savait pas sur vous était dans votre intérêt.

– A moins, dit Chiun, que ce soit un décret. Smith a décrété que nous irions à Sinanju.

– Nous prendrons le sous-marin demain matin, je le promets. Je voulais simplement éclaircir deux trois trucs. Avant d'aller à Patna, j'aimerais voir si nous ne pouvons pas régler cette affaire ici.

– Et si cela prend des jours, des semaines? demanda Chiun. Je suis sans mes bagages, sans l'appareil spécial qui fait des films. Je vais comme un vagabond.

– Vos quatorze malles-cabines et votre poste de télévision sont à bord du sous-marin.

– Ah, mais tant que nous ne serons pas à bord du sous-marin, je me trouve sans ces commodités qui rendent la vie moins pénible à l'homme fatigué qui rêve de son pays natal. Cela fait bien des années.

– Depuis quand êtes-vous fatigué?

– C'est toujours fatigant d'essayer d'éclairer l'invisiblement ignorant. Ne sois pas fier de ton triomphe.

Un rugissement de motos fit irruption dans la rue et une phalange de motards noirs avec une tête de mort peinte sur leur blouson argenté déboucha et roula impérieusement devant Remo et Chiun. Ordinairement, ce n'aurait été qu'un simple petit affrontement, avec un vieillard s'efforçant de sauter à l'abri et le plus jeune trébuchant sur ses propres pieds. Les Crânes Noirs savaient très bien y faire. Ils appelaient ça « trancher Blanchet » et une semaine ne se passait pas sans qu'un de leur groupe prenne son pied, ce qui signifiait littéralement pousser quelque Blanc à bondir de manière à se casser la jambe. On pouvait toujours prendre son pied avec les vieux Blancs parce qu'ils avaient les os plus fragiles.

Les Crânes Noirs s'en tapaient beaucoup cet été-là grâce à une nouvelle politique de la police et de ses relations avec le public consistant, au lieu d'arrêter les motards pour violences et voies de fait, à les inviter à discuter du racisme blanc et des meilleures méthodes conseillées à la police de San Diego pour le vaincre. Invariablement, le conseil était : « Cessez de nous harceler, mecs. »

Ainsi, pas du tout harcelés par la police, les Crânes Noirs prenaient beaucoup de pieds cet été, mais pas tellement dans les quartier italiens où la politique raciale rétrograde avait inspiré aux Crânes Noirs unanimes la politique de « ne pas se mélanger les doigts avec les Ritals ». Parfois, les Crânes Noirs s'en prenaient à des Noirs, mais uniquement quand la journée avait été peu féconde en victimes blanches.

Ce jour-là, le dernier motard se retourna pour voir s'il avait eu à la fois le vieux barbichu en drôle de robe jaune et le jeune en pantalon de flanelle et col roulé bleu marine. Ils paraissaient intacts. Alors Willie « Sweetman » Johnson et Muhammid Crenshaw firent signe à la meute de rebrousser chemin pour une nouvelle tentative.

Cette fois Willie « Sweetman » Johnson qui avait été appelé un échec du système scolaire de San Diego – sa dernière institutrice n'avait pas réussi à lui apprendre à lire, peut-être parce que sur le moment elle était violée par Sweetman en personne et l'alphabet sortait quelque peu brouillé de ses lèvres meurtries et ensanglantées – cette fois donc, Sweetman choisit de passer au plus près. Comme qui dirait carrément entre les hanches du jeune connard. Et il le manqua. Le connard était là devant la barre de chrome spéciale au-dessus du garde-boue avant, et puis le connard n'était plus là.

– T'as vu le mec bouger? demanda Sweetman en faisant demi-tour à l'autre bout de la rue.

– J'ai eu le Jaune, répliqua Muhammid Crenshaw. Mais il est toujours là.

– Cette fois, ils y passent, cria Sweetman.

– Pour l'amour d'Allah! glapit Muhammid Crenshaw.

– Ouais, pour ton foutu bon dieu d'Allah, rugit Sweetman, et les quatre motards foncèrent sur les deux hommes.

Remo vit les motards revenir à l'assaut.

– Je vais vous dire la vérité, petit père. Moi aussi je veux voir Sinanju. Je sais que je suis le meilleur élève que vous ayez jamais eu et je veux voir les jeunes hommes de Sinanju.

– Tu es devenu à peu près adéquat uniquement parce que j'ai bien voulu te consacrer un peu de temps supplémentaire, rétorqua Chiun.

– Aucune importance. Je suis quand même le meilleur. Moi. Blanchet. Moi. Visage pâle.

Et d'un très simple revers de main, Remo cueillit le premier motard de sa moto et le tint suspendu. Chiun fut un peu plus efficace. Il laissa son motard continuer droit devant lui, avec une modification mineure de la visière en plastique de son casque. Elle présentait un petit trou du diamètre d'un index. Il y avait un petit trou assorti dans le front, derrière la visière. La blessure rougit, du sang jaillit tandis que le motard, ne se souciant plus de rien, se jeta complaisamment contre une borne d'incendie où il se sépara de sa machine et s'envola pour retomber dans un tas d'ordures avec lequel il se confondit parfaitement.

Le motard de Remo ruait et hurlait. Remo le tenait par le cou. Sweetman tenta de tirer son calibre de la poche de son blouson. Malheureusement, Sweetman n'était pas équipé pour tenir une arme à feu. Son bras droit se terminait par un moignon sanglant.

Les deux autres, supposant que Muhammid Crenshaw, maintenant mollement étendu parmi le reste des ordures, avait heurté un pavé et fait une embardée et ne sachant si Sweetman avait mis pied à terre pour régler personnellement son compte au connard ou s'il avait été arraché à sa selle, revinrent s'attaquer à leurs deux victimes au milieu de la rue.

Remo s'accroupit devant les chevilles de Sweetman et, les empoignant toutes les deux, il balança le garçon en blouson à l'horizontale, selon un mouvement de faux qui cueillit proprement en pleine tête la paire de motards bien lancés. Chiun refusa de bouger ou même de reconnaître Remo. Il ne voulait plus avoir aucun contact avec un individu assez arrogant pour se croire un bon élève.

Sweetman désarçonna les deux motards avec un joli bruit de craquement.

– Base gagnante, dit Remo, mais Chiun ne daigna pas le regarder.

Le casque de Sweetman roulait dans le ruisseau. Un des motards gisait tout aplati, l'autre se relevait péniblement sur les genoux. Une moto tournoya follement avant d'aller se régufier dans l'entrée d'une maison abandonnée. L'autre buta contre le trottoir et s'arrêta sur le côté, son réservoir vomissant des vapeurs d'essence et un liquide noirâtre dans le caniveau. Remo vit que sa batte humaine était coiffée à l'afro, d'une boule crépue deux fois plus grosse que son casque.

– Salut, dit Remo en regardant l'Afro à ses pieds. Je m'appelle Remo. Et toi?

– Tfairfoutt, dit Sweetman.

– Tfairfoutt, qui t'a envoyé?

– Personne m'envoie, mec. Ôte tes sales pattes. j'aurai ton cul.

– On va jouer à l'école, dit Remo. Je te pose une question, et tu me réponds bien avec un gentil sourire, d'accord?

– Tfairfoutt.

Remo traîna le motard, la tête en bas, vers le réservoir crevé et trempa l'Afro dans le liquide, en tournant bien la tête en tous sens. Puis il ramena son fardeau vers le motard qui se relevait.

– Tu as du feu? demanda-t-il.

Il vit un couteau à cran d'arrêt sortir du blouson et l'envoya valser d'un coup de pied.

– Trois points, dit Remo qui était d'humeur à marquer des points, et, du même pied, il fracassa un tympan. Ça, c'est pour ne pas écouter. Je veux du feu.

– Donne pas d'allumettes à ce mec. Mon afro a été pétrolé.

– Ferme ta gueule, bredouilla le motard à l'oreille en sang.

– C'est à moi que tu parles? demanda Remo.

– Non, au négro, Sweetman, répondit le motard, et il craqua une allumette.

Remo souleva Sweetman. Les cheveux s'enflammèrent comme une torche et brûlèrent jusqu'aux sourcils.

– Qui t'a envoyé? demanda Remo.

– A comme api, B comme bébé, C comme coco, hurla Sweetman.

– Qu'est-ce qu'il raconte? demanda Remo.

– L'école. Il apprend l'alphabet pour passer son diplôme d'enseignant. Il voulait pas suivre le cours facile, comme les études afro. Pas besoin de savoir compter pour ça. Ni écrire ni savoir l'alphabet.

– Aaarrrggggleu, glapit Sweetman, et son cerveau cessa de fonctionner.

Ce qui était aussi bien, dans le fond. Il n'avait jamais pu dépasser F comme feu, même dans sa dernière année de lycée.

Remo lui lâcha les jambes.

– Et toi, mon ami, qui t'envoie?

– Personne nous envoie. On fait ça pour rigoler.

– Tu veux dire que vous tueriez quelqu'un sans même vous faire payer pour ça?

– On rigole, quoi.

– Votre rigolade a interrompu ma conversation. Tu sais ça?

– Je regrette.

– Regretter ne suffit pas. On n'interrompt pas la conversation des gens au milieu de la rue. Ce n'est pas gentil.

– Je serai gentil.

– Tâche de l'être. Emmène tes copains d'ici.

– Ils sont morts.

– Eh bien, va les enterrer ou je ne sais quoi, dit Remo, et il enjamba la tête cramée du corps gigotant pour aller rejoindre Chiun sur le trottoir.

– Malpropre, dit Chiun.

– J'étais dans la rue. J'ai travaillé avec ce que j'avais sous la main.

– Malpropre, négligent et sordide.

– Je voulais simplement m'assurer qu'ils ne faisaient pas partie de la Mission de la Divine Béatitude.

– Naturellement. Tu joues dans la rue. Tu visites des maisons saintes. N'importe quoi plutôt que de conduire ton bienfaiteur chez lui. Ton empereur lui-même l'ordonne, mais non, il faut que tu t'amuses. Et pourquoi, je me demande, quelqu'un à qui j'ai tant donné doit-il me refuser une simple visite à mon village natal? Pourquoi? Où bien ai-je failli dans son éducation? Est-il possible que je sois en faute?

– J'ai hâte de connaître la réponse, répliqua Remo.

La porte était en bois épais, avec un petit judas au milieu. Remo frappa.

– Suis-je en faute, me suis-je demandé? Et, étant foncièrement honnête, j'ai conclu que non, tout ce que je t'ai donné était parfait et juste. J'ai accompli des miracles avec toi. Cela, je me le suis avoué. Alors pourquoi mon élève fait-il encore des choses malpropres? Pourquoi mon élève me refuse-t-il une simple petite faveur? Étant dur envers moi-même et ne m'épargnant aucune critique, j'ai été forcé d'en venir à la conclusion suivante : Remo, tu es cruel. Tu as un trait de cruauté dans ton caractère.

– Vous savez vraiment vous flageller, petit père.

Un œil apparut au judas, et la porte s'ouvrit.

– Entrez vite, dit une jeune fille couverte de taches de rousseur sous son voile rose.

Le voile faisait partie d'un sari. Elle avait une ligne argentée peinte au milieu du front. Chiun remarqua ce trait mais ne dit rien.

– Vite, les motocyclistes sont de nouveau sortis.

– Les types en blouson? demanda Remo.

– Oui.

– Vous n'avez plus à vous en soucier.

Remo désigna le dernier motard entassant ses camarades contre le bord du trottoir.

– Loué soit le Maître Bienheureux. Il nous a montré le chemin. Venez tous, venez voir notre délivrance.

Des visages se pressèrent autour de la jeune fille, certains barrés d'une ligne d'argent, d'autres non. Chiun examina chaque trait d'argent.

– Le Maître Bienheureux montrera toujours le chemin, reprit la fille. Que les cœurs sceptiques se taisent.

– Ce n'est pas le Maître Bienheureux qui a fait ça, c'est moi, dit Remo.

– Sa volonté dictait ton travail. Tu n'as été que l'instrument. Loué soit le Maître Bienheureux. Sa vérité est manifeste. Ah, il y avait des incroyants quand nous avons acheté cette maison. Il y avait des sceptiques qui disaient que ce quartier n'était pas sûr. Mais le Maître Bienheureux a dit que nous devions trouver une demeure convenant à notre bourse, où qu'elle soit. Et il avait raison. Il a toujours raison. Il a toujours eu raison et il aura toujours raison.

– Pouvons-nous entrer? demanda Remo.

– Entrez, répondit une voix d'homme. C'est le Maître Bienheureux qui vous envoie?

– J'ai très envie de me joindre à vous, répondit Remo. Je suis venu, avec mon ami, voir de quoi il s'agit. Vous avez un archiprêtre pour cette mission, n'est-ce pas?

– Je suis l'archiprêtre de la Mission de San Diego, dit une voix dans l'escalier. Vous êtes ceux qui ont assaini la rue?

– Exact, dit Remo.

– Je vais vous recevoir et vous préparer la voie si vous acceptez de vous élever au-dessus de vos doutes.

– Nous allons bientôt commencer une leçon préliminaire, murmura la fille.

– Non, pour eux, ça sera une séance privée. Ils l'ont méritée, déclara l'archiprêtre.

– Qu'il en soit fait selon ta volonté, murmura la fille en s'inclinant.

Remo et Chiun montèrent. Un homme dont la figure gardait les cicatrices d'une longue guérilla perdue contre l'acné les accueillit sur le palier. Lui aussi portait une robe rose. Il avait le crâne rasé, des sandales aux pieds et sentait l'encens.

– Je suis un prêtre. Je suis allé à Patna pour contempler de mes yeux la perfection. La perfection existe sur terre mais l'esprit occidental se révolte contre elle. Votre venue ici révèle que vous reconnaissez la révolte qui est en vous. Je pose une question : que se passe-t-il dans une révolte?

Chiun ne répondit pas; il regardait fixement la bande d'argent striant le front du prêtre. Remo fit un geste vague.

– Je donne ma langue au chat.

Ils suivirent le prêtre dans une pièce où il y avait une coupole en plastique rose. Au centre, une chaîne d'or était accrochée avec au bout le portrait à quatre faces d'un jeune Indien à la figure poupine faisant pousser sa première moustache.

Des coussins s'entassaient dans un coin. Un épais tapis à motifs compliqués rouges et jaunes couvrait le sol. Le prêtre poursuivit :

– Ce qui se passe dans la révolte c'est qu'il y a deux aspirations qui s'opposent. Elles se blessent. Chaque personne qui ne croit pas qu'elle puisse être unie à elle-même, qui lutte contre ses passions, est en révolte. Pourquoi pensez-vous que nous ayons des passions?

– Parce qu'il est blanc comme vous, dit Chiun. Tout le monde sait que les Blancs sont incapables de contrôler leurs passions et ont un cœur cruel impitoyable, particulièrement envers leurs bienfaiteurs.

– Tout le monde a les mêmes passions, dit le prêtre à la figure grêlée en s'asseyant sous le portrait du gros jeune homme. Tous les hommes, sauf un, sont semblables.

– Ordure de rivière, dit Chiun. Ordure blanche de rivière occidentale.

– Pourquoi venez-vous ici, alors? demanda le prêtre.

– Je suis ici parce que je suis ici. C'est la véritable unité que vous avez maintenant devant vous, déclara Chiun.

– Ah, fit le prêtre. Vous comprenez donc.

– Je comprends que la marée est propice dans la rade de San Diego mais qu'il est très difficile de lancer un sous-marin ici du premier étage de cette maison.

– Adressez-vous à moi, intervint Remo. C'est moi qui suis venu m'inscrire.

– Nous sommes tous créés parfaits, dit le prêtre, mais on nous a enseigné l'imperfection.

– Si c'était le cas, grogna Chiun, les bébés seraient les plus sages parmi nous. Pourtant ils sont les plus incapables.

– On leur enseigne des choses fausses, rétorqua le prêtre.

– On leur apprend à survivre. Certains sont mieux instruits que d'autres. On ne leur apprend pas l'ignorance comme vous le prétendez. Et ces passions que vous prétendez si sacrées ne sont que des efforts de survie. Un homme qui prend une femme est la survie du groupe. Un homme qui mange est la survie du corps. Une personne qui a peur est la survie de la personne. Les passions sont le premier niveau de la vie. L'esprit le plus élevé. La discipline, bien utilisée, rassemble toutes les révoltes en Perfection. C'est long, c'est difficile et, en s'y appliquant bien, en apprenant correctement, l'homme se sent très petit et incompétent. Voilà comment nous grandissons. Il n'y a jamais eu de raccourci pour ce qui en vaut la peine.

Ainsi parla, en vérité, le Maître de Sinanju, observant attentivement la marque d'argent.

Remo le regarda et cligna des yeux. Il connaissait tout cela pour en avoir été instruit pendant de longues années. Il le connaissait aussi bien qu'il se connaissait lui-même. Ce qui le surprenait, c'était que Chiun se donne la peine de l'expliquer à un inconnu.

– Je vois de l'étonnement sur ta figure, lui dit Chiun. Je dis ces choses pour ton bien. Pour que tu ne les oublies pas.

– Vous devez me prendre pour un abruti, petit père.

– C'est un bateau pour Sinanju que j'ai à prendre et nous sommes assis ici, avec ça, répondit Chiun en déployant une main gracieuse vers le prêtre.

Celui-ci soupira :

– Votre voie est celle de la douleur et des petites victoires coûteuses sur le corps. La mienne est celle de la Vraie Lumière que votre corps pourra vérifier. Nous avons d'abord trois preuves. La première est que le Maître Bienheureux existe, donc il est. Nous ne vous demandons pas d'accepter quelque chose qui n'est pas. Deux, par ses ancêtres, il existe depuis de nombreuses années. Il n'est donc pas simplement une de ces myriades de réalités fugaces. Trois, il grandit. Comme l'univers infini, nous grandissons de jour en jour, d'année en année. Voilà les trois preuves.

– On pourrait en dire autant de la pollution, marmonna Remo.

Chiun garda le silence. Il était inutile de gaspiller sa salive avec cet individu en robe.

– Il y a un réservoir de force éternelle et originelle qui est caché à votre esprit embrumé, reprit l'homme au trait d'argent. C'est à cause de votre enseignement défectueux. Nous, par la Perfection du Maître Bienheureux, vous ramenons simplement vers ce réservoir, vous montrons la voie de votre vérité. D'abord, fermez les yeux. Fermez-les! Fort. Bien. Vous voyez de petites lumières blanches. Ce sont des fragments des lumières infinies. Vous vous êtes privé du flot pur de la vie. Je vous redonnerai le flot pur de la vie.

Remo sentit des doigts se presser sur ses paupières. Il sentit la respiration oppressée du prêtre au-dessus de lui. Il sentit l'odeur de viande de son haleine, la sueur de son corps. Les petits globules lumineux que tout le monde voit en fermant les yeux rapidement et en regardant entre les paupières s'ordonnèrent en une ligne lumineuse pure et apaisante. Cela aurait pu être très impressionnant si Chiun ne lui avait pas déjà appris quelque chose de semblable et de beaucoup plus reposant. Un simple exercice utilisé pour endormir les petits enfants de Sinanju quand la nuit les inquiétait trop.

– Merveilleux, dit Remo.

– Maintenant que nous vous avons donné un certain pouvoir de libération, nous allons vous en donner davantage. Dites-vous : « Mon esprit est en paix, mon corps est au repos. » Répétez avec moi. Mon esprit est en paix, mon corps est au repos. Sentez que vous ne faites plus qu'un avec la lumière. Vous êtes la lumière. Vous êtes pur. Tout ce qui vient à vous et émane de vous est pur. Vous êtes bon. Vous êtes bon. Tout est bon autour de vous.

Remo entendit des pas très légers dans la pièce. Une étoffe souple et légère frôla presque sans bruit le tapis. De nouveaux pas. Encore une étoffe. Une oreille normale n'aurait rien perçu. Le prêtre leur préparait une surprise.

– Ouvrez les yeux, dit-il. Ouvrez.

Deux filles se tenaient devant eux, nues et souriantes. A droite une métisse, à gauche une blonde, plus blonde de cheveux qu'autrement. Elles portaient pour tout vêtement la marque d'argent au front.

– Américaines, dit Chiun. Typiquement américaines.

– Vous trouvez que c'est mal? Vous pensez que le corps est répréhensible?

– Pour les Américains, c'est très bien, dit Chiun. Comme je suis reconnaissant que vous n'ayez pas contaminé la Corée avec vos façons.

– Les plus grandes putains du monde viennent de Corée, petit père. Vous me l'avez dit vous-même, rectifia Remo.

– De Pyongyang et de Séoul. Pas d'endroits convenables comme Sinanju.

– Putain est un mot qui pollue une chose qui est bonne, déclara le prêtre.

Il frappa dans ses mains, et les deux filles avancèrent vers Remo et Chiun. Elles s'agenouillèrent. La blonde ôta les mocassins de Remo. La métisse essaya de se glisser sous la robe de Chiun mais les longs ongles étaient partout où elle portait les mains, attaquaient la paume, les doigts, poussaient tant et tant que finalement, avec une grimace de dépit, elle fut obligée de se retirer.

– J'ai l'impression que mes mains ont été dans une fourmillière, gémit-elle.

– Ce n'est rien, assura le prêtre. Certains ne peuvent être aidés. Cela arrive aux vieux...

Chiun regarda autour de lui, dérouté, en se demandant où était cette vieille personne dont parlait le prêtre.

La blonde ôta ses chaussettes à Remo et lui embrassa la plante des pieds.

– Est-ce que c'est mal? demanda le prêtre. Est-ce qu'on vous a enseigné que c'est mal de faire ça?

La blonde se rapprocha et frotta ses seins sur les pieds de Remo. Il sentit qu'elle s'excitait. Avec ses orteils, il la désexcita et, avec un petit cri, elle perdit toute passion.

– Vous préférez peut-être les garçons? demanda le prêtre.

– Les filles sont très bien. C'est simplement que je n'ai pas de temps à perdre. Je veux m'enrôler.

– Même avant l'éclairement du corps?

– Oui.

– Il y a une façon de faire vous savez. Nous vous fournissons toute richesse et subsistance. Vous n'aurez plus à vous inquiéter de savoir d'où viendra votre prochain repas ni de ce que vous aurez à manger. Nous fournissons tout. En échange, vous devez vous dépouiller de tous vos biens terrestres.

– Je porte sur moi tous mes biens terrestres, répondit Remo.

– Il a ce que vous ne pourrez jamais avoir, dit Chiun au prêtre. Ce que vous ne pourrez jamais lui retirer. Le seul véritable bien durable. Ce qu'il sait dans son esprit et dans son corps. Et comme vous êtes incapable de comprendre ce qu'il comprend, vous ne pourrez jamais le lui apprendre.

– Ah, ainsi vous ne me trouvez pas trop mal, petit père.

– Je trouve que tu es moins vil que cette oreille de cochon à la figure criblée.

– Invinciblement ignorant, déclara le prêtre à Remo. Je crains que votre père, il est votre père, n'est-ce pas, puisque vous l'appelez « père », je crains de ne rien pouvoir faire pour lui.

– Le ver n'aide jamais l'aigle, riposta Chiun.

– Je ne suis qu'un nouveau prêtre. Nous avons des prêtres qui, de leurs mains, vous transformeraient en mélasse et vous feraient implorer miséricorde. Ils viennent des montagnes de Vindhya.

– Est-ce qu'ils ont la marque d'argent sur la tête, comme vous et les filles? demanda Chiun.

– Oui. C'est la marque d'honneur pour les fidèles du Maître Bienheureux qui sont allés à Patna. Et ces prêtres sont redoutables. Ils vous enseigneraient l'erreur de votre voie.

– Quand ont-ils quitté les montagnes? demanda Chiun.

– Quand le grand-père du Maître Bienheureux leur a demandé de venir. C'est une nouvelle preuve de sa perfection, de sa venue et de sa vérité.

– Ils ont simplement quitté ces montagnes, libres comme l'air?

– Le cœur battant.

– Sans même un avertissement?

– En louant le Maître Bienheureux.

– Simplement parce qu'il a dit qu'ils pouvaient

partir, ils sont descendus dans la vallée, comme ça? A Patna? A découvert?

– Oui.

– Qui est votre Maître Bienheureux pour dire à n'importe qui qu'il peut aller où il veut? Qui est-il? Comment ose-t-il?

– Il est la Perfection.

– Vous êtes imparfait d'esprit et de figure, dit Chiun. Mauvaise nouvelle, Remo, il nous apporte de mauvaises nouvelles.

– Qu'est-ce qu'il y a, petit père?

– Je te le dirai plus tard. D'abord, règle ton affaire avec ce cancrelat. Ah, comme c'est triste. Le travail d'un assassin n'est jamais fini.

Remo parla au prêtre. Récemment converti à la sagesse du Maître Bienheureux, celui-ci expliqua qu'il venait entendre la vérité. Et comme les prêtres disaient toujours la vérité, il voulait connaître la vérité sur le prochain événement. Le grand.

– Ah, le grand. Ce sera le plus grand!

Le prêtre tapa dans ses mains, les filles se rhabillèrent et sortirent, la blonde jetant à Remo un regard de reproche.

– J'ai vu ce que vous avez fait dans la rue à cette bande de voyous, reprit le prêtre. Même si vous n'avez pas de richesses, nous pouvons utiliser vos services. Nous avons beaucoup de gens qui offrent simplement leurs services. Nous les avons à des postes importants et hauts placés. Nous en avons d'âge moyen et des très jeunes. Vous seriez surpris d'apprendre qui est avec nous.

– Dites toujours.

– C'est un secret.

– Non, ce n'en est pas un, dit Remo, et il obtint sa

confirmation quand, la figure grimaçant de douleur, le prêtre lui parla de tous les gens importants qu'il connaissait et qui appartenaient secrètement au Maître Bienheureux. Remo grava chaque nom dans sa mémoire.

Il y en avait d'autres aussi, dit le prêtre, mais il ne savait pas leurs noms. « Je le jure et ne me faites plus mal, je ne connais pas leurs noms! » beugla-t-il. Il ne savait pas non plus quel était le grand événement, mais le Maître Bienheureux devait venir et apparaître au Stade Kezar à San Francisco.

Remo dit qu'il pensait avoir peut-être été trop dur. Il serait raisonnable, maintenant. Il raisonnerait avec le prêtre.

– Si vous ne me dites pas exactement ce qui va se passer dans ce stade, je séparerai raisonnablement votre tête de vos épaules.

– Je ne sais pas. Je ne sais pas. Je le jure devant Dieu, je ne sais pas!

– Quel Dieu?

– Le vrai, l'unique, le Bienheureux.

Chiun s'interposa et, d'une main délicate comme un vol de papillon, il acheva le prêtre en lui caressant la nuque.

– Il ne sait pas. Ne perdons pas notre temps. Nous avons du travail.

– Vous ne m'avez pas laissé finir avec lui. Je vous ai dit que nous irions à Sinanju. Après. Moi aussi, j'ai mon travail.

– Nous n'allons pas à Sinanju. Voilà la mauvaise nouvelle. J'ai autre chose à faire. Un travail plus ancien. Les Indiens ont la mémoire comme une passoire. En quatre cents ans, ils oublient tout. Tout. Nous devons retarder notre voyage à Sinanju, joyau de la baie occidentale de Corée, perle des villes, vaisseau de beauté.

– Et le sous-marin?

– Il attendra. Ton pays a beaucoup de bateaux. Il n'y a qu'un Maître de Sinanju, et il doit respecter de véritables et précédents engagements.

# CHAPITRE VI

A dix-neuf heures quinze, par une ligne téléphonique privée, Remo donna à Smith les noms des principaux fidèles du Maître Bienheureux qu'il avait appris. Il entendit au bout du fil un long silence et crut que la coupure automatique avait été déclenchée par un quelconque système d'écoute électronique. Enfin Smith parla :

– Quelques-uns de ces noms sont ultra-sensibles. Plus que quelques-uns, Remo. Y a-t-il des chances de pouvoir déprogrammer ces convertis?

– Comment voulez-vous que je le sache?

– Vous êtes passé par leur programme, n'est-ce pas?

– Et alors?

– Vous avez subi le programme sans succomber. Donnez-moi une idée permettant de déprogrammer ces personnes... fragiles.

– Les lâcher du haut de l'Empire State Building.

– Merci beaucoup, dit Smith.

– J'ai besoin de passeports pour l'Inde.

– Vous pensez que c'est votre meilleure chance d'aller au fond des choses?

– Probablement.

– Qu'est-ce que ça veut dire?

– Chiun le pense. Pour je ne sais quelle raison, il est prêt à renoncer pour ça à son voyage au pays natal.

– Rien sur le grand événement?

– Rien de plus. Rien que le Stade Kezar.

– Pour quelques-uns de ces convertis, s'ils ne peuvent pas être déprogrammés, ils devront être... euh... mis à la retraite.

– Je vous dis : l'Empire State Building.

– Je commence à me demander si vous n'avez pas un côté sadique.

– Vous avez parlé avec Chiun.

– J'ai compté les cadavres.

– Si vous voulez que je vive en paix avec le reste de l'humanité, vous n'avez qu'un mot à dire, Smitty.

– Vos passeports seront à votre hôtel.

Dans l'avion de Calcutta, Remo entendit Chiun marmonner quelque chose sur les mauvaises mémoires et sur certaines personnes qui avaient besoin de pense-bêtes. L'hôtesse leur demanda comment ils désiraient leur repas, et Chiun lui répondit dans une langue que Remo n'avait jamais entendue. Le maître lui expliqua que c'était de l'oriya et que l'hôtesse était évidemment de la région où l'on parlait ce dialecte, cela se voyait à sa façon de draper son sari.

Chiun poursuivit en affirmant que si l'équipage se disait indien, les membres appartenaient tous à des peuples différents, dont aucun n'avait de respect pour les autres et moins encore d'affection. Il dit qu'il n'y avait que les Blancs d'Amérique pour s'inquiéter des Indiens qui mouraient de faim. Les divers peuples de l'Inde se désintéressaient toujours des malheurs arrivant aux autres et, comme ceux qui mouraient de faim n'étaient jamais au gouvernement, le gouvernement ne se souciait pas d'eux.

– Quand ils viendront encore vous réclamer à manger, vous devriez leur dire de manger leurs bombes atomiques. Vous leur remplissez le ventre pour leur donner le loisir de vous traiter de tous les noms et ils se servent de leur propre argent pour fabriquer des bombes. Je comprends les Indiens. Ils sont vénaux et vils, ils l'ont toujours été et le seront toujours. Sais cela de l'Inde et de ses peuples, si tu ne sais rien d'autre. Ce sont les Blancs qui ont mis les idées de fraternité sur leur langue et elles n'ont jamais atteint leur cœur.

– Et le Mahatma Gandhi?

– Et Remo Williams? Est-ce que tu dirais que les Américains savent contrôler leur corps, à cause d'une seule personne? Non. Les Indiens, je peux les comprendre. Ce que je ne comprends pas c'est pourquoi tu te donnes pour mission de nourrir des bouches qui ne sont pas capables de se nourrir elles-mêmes.

– Je ne nourris personne.

– Ton pays. Ton pays nourrit des gens qui ne respectent pas les promesses, déclara Chiun, et il refusa de parler davantage.

L'employé de l'aéroport à Delhi remarqua que la série des passeports utilisés par Remo et Chiun était souvent employée par la CIA. Il remarqua aussi qu'ils n'avaient pas de bagages.

– L'Inde ne souffrira pas d'intrusion impérialiste en son sein, déclara-t-il.

– Dix roupies, répondit Remo.

– Mais l'Inde accueille toujours avec joie ses amis, reprit l'employé. Et ne payez pas plus de deux roupies une Indienne. Vous pouvez l'acheter à vie pour huit. Complètement. Elle est à vous. Quand vous en avez assez, elle pourra toujours servir d'engrais. Quel est le but de votre visite?

– La recherche de la lumière du Maître Bienheureux de Patna.

– Vous pouvez trouver la lumière ici à Delhi. Quel genre de lumière vous cherchez, tous les deux?

– Le Maître Bienheureux.

– C'est fou les affaires qu'il fait, depuis quelque temps. C'est fou, répéta l'employé songeur.

Le moyen de transport pour Patna était une vieille Packard qui n'avait apparemment pas eu de réglage depuis qu'elle avait quitté les Etats-Unis. Remo comprenait que Chiun était encore tourmenté par quelque chose car il parla très peu pendant les deux jours de voyage. Quand le chauffeur tendit la main pour être payé, Chiun marmonna quelques mots sur les mauvaises mémoires et repoussa la main d'une claque. Lorsque Remo détacha des billets d'une liasse, Chiun le lui interdit.

Le chauffeur sauta de la voiture et se mit à crier. Des gens aux pieds poussiéreux et à la figure brune fatiguée se massèrent derrière lui. Ce fut vite une foule. Le chauffeur, encouragé par ce soutien, transforma ses glapissements en harangue. Chiun traduisit :

– Il dit que nous sommes venus pour leur arracher le pain de la bouche. Il dit que les étrangers se

étaient en verre soufflé comme si la technologie moderne restait à inventer. Il y avait de l'encens en bâtons et en pyramides faites à la main. Et il y avait la salle de l'ordinateur. Rien ne pouvait donc marcher aujourd'hui sans ordinateur? Remo découvrit des cellules, certaines avec du sang séché sur des fers et des chaînes. Il y avait un hôpital. De vieux lits de cuivre et des appareils cardio-vasculaires modernes. Il y avait une bosse sous une couverture, dans un lit, et Remo pouvait aisément renifler son état. L'odeur douceâtre, écœurante de la mort lui assaillit les narines et il pensa que s'il restait plus longtemps elle imprégnerait ses vêtements. C'était une odeur dont on ne pouvait pas se débarrasser très vite.

Remo rabattit le drap. Un Blanc d'un certain âge, environ un mètre soixante-quinze, mort depuis au moins un jour. Le cadavre avait vidé ses intestins et commençait à enfler. La peau avait éclaté autour des menottes. Une croix de sang séché, brune, avait été dessinée près de la main droite qui n'était plus qu'une boule coagulée rose et brune. Par terre, Remo trouva un emblème d'or avec une rayure et l'empocha.

Il ne se remit à respirer qu'une fois dans le couloir et là il entendit pleurer. Dans une alcôve où le portrait du gosse à la figure poupine était entouré de fleurs, une fille blonde sanglotait dans ses mains.

– Qui êtes-vous? demanda Remo.

– Je suis celle qui n'était pas digne d'accompagner le Maître Bienheureux. Ma vie n'est que fragments brisés. Ah, bienheureux, bienheureux, bienheureux Maître Bienheureux!

– Où est-il allé?

– Il est parti vers la gloire.

– On va revenir à la case départ, mon chou. Comment vous appelez-vous? Prénom et nom de famille. Et, spécifiquement, où est allé le Maître Bienheureux?

– Joleen Snowy. Il est allé en Amérique.

– Bien. Où, en Amérique?

– Au Stade Kezar.

– Quelle place? demanda Remo qui commençait à se sentir en veine.

– Pas de place. Il sera au centre. C'est le grand événement.

– Superbe. Quel grand événement?

– La troisième preuve de sa vérité.

– Qui est?

– Qu'il grandit.

– Et qu'est-ce qu'il fera quand il sera grand?

– Il prouvera qu'il est en vérité la Vérité.

– Ah, et nous marchions si bien, dit Remo.

– Oh, où vais-je trouver un autre maître? sanglota Joleen.

Dans le couloir, un bol entre les mains, apparut Chiun, le Maître de Sinanju, et Remo chercha comment lui annoncer qu'il n'allait pas aller chez lui tout de suite. Il lui faudrait user de diplomatie.

– Qu'est-ce qu'il y a dans le bol, petit père?

– Mon premier bon repas depuis que je suis parti de chez moi.

– Je vous conseille de vous régaler, dit diplomatiquement Remo, parce que vous n'en aurez pas d'autre avant bien longtemps.

## CHAPITRE VII

Ferdinand De Chef Hunt roula en boule le papier de sa brioche de dix heures et le jeta par-dessus son épaule gauche dans une corbeille à trois bureaux derrière lui. Il savait que ça énervait toujours un peu ses collègues de voir un homme qui visait juste, même quand il ne voyait pas la cible. N'importe quoi pour détourner l'attention des autres analystes du grand tableau au fond de la salle qui clignotait la sombre vérité sur les activités de la Bourse de New York.

Tandis que les cours dégringolaient, Hunt, spécialiste de l'industrie pharmaceutique et des rapports avec la clientèle, dans les bureaux de La Nouvelle-Orléans de Dalton, Harrow, Petersen et Smith, membres de la Bourse de New York, se vidait la cervelle pour trouver de nouveaux mots ronflants camouflant le mot « dépression ». Le marché fluctuait avant de prendre son essor, le marché « effectuait un ajustement technique », le marché construisait un marché plus bas afin de monter plus haut.

Dans la deuxième année de cette dépression, alors que le gouvernement se demandait si le pays allait vers une « récession », Ferdinand De Chef Hunt essaya de petites plaisanteries quand on lui demandait son opinion sur le marché des drogues et médicaments.

– Prenez-les par intraveineuses, disait-il.

– Hé hé, répondaient les clients et parfois ils ne téléphonaient plus.

Ce matin-là, qu'il savait être un des derniers dans sa carrière sur le marché des changes – une carrière qui comptait déjà trois hypothèques de la propriété familiale, la vénérable propriété, cédée à sa famille par la maison des Bourbons, avait été jusque-là libre de toute obligation depuis 1732 – Ce matin-là, donc, Ferdinand De Chef Hunt bombardait les corbeilles de son bureau avec du papier à brioches.

Il avait vingt-huit ans, c'était un beau brun et, avec le million de dollars hérité de sa mère quatre ans plus tôt, un self-made fauché.

– Vaudrait mieux ne pas faire ça, dit le spécialiste des relations avec la clientèle assis derrière lui. Dalton et Harrow sont ici en personne.

– A La Nouvelle-Orléans?

– Oui, ils sont arrivés très tôt. Ils se sont enfermés dans le bureau du patron, ont demandé un dossier du personnel, ont discuté avec le patron pendant deux heures et puis plus rien.

– Ils ferment l'opération de La Nouvelle-Orléans, dit Hunt.

– Ils ne peuvent pas. Nous sommes un de leurs meilleurs bureaux.

– Ce qui veut dire que nous courons à la faillite moins vite que les autres. Vous verrez. Nous sombrons. Je regrette simplement que ça ne se soit pas passé il y a quelques années quand j'avais encore de quoi déjeuner.

– Si vous vous figurez que je vais encore retourner des cartes avec vous pour déjeuner, mon vieux, ça ne va pas dans la tête.

– La carotte?

– Je vous ai vu dans le parc avec ce canif. On dirait qu'il a des élastiques.

– Fléchettes?

– Vous vous êtes payé une cuite de huit jours avec les fléchettes. Vous étiez le seul type de Bourbon Street avec de l'argent dans la poche.

– Billard? Golf? Tennis? Squash? Bowling?

– Aujourd'hui, je déjeune. Si j'avais votre talent, Hunt, je serais pro. Je ferais demain le circuit du golf. Le circuit du tennis. Je gagnerais ma vie au billard.

– Peux pas. Je l'ai promis à maman. Je ne peux pas me servir de ça pour faire de l'argent.

– Vous appelez votre talent « ça ». Je ne vous comprendrai jamais.

– Tant mieux, dit Hunt, et il fut heureux que la conversation soit interrompue par une secrétaire venant lui annoncer qu'on le demandait dans le bureau du directeur.

– Est-ce que je dois vider mes tiroirs avant ou après? demanda-t-il.

– Jamais, je pense, répondit la secrétaire.

Elle le conduisit au bureau de la direction où il reconnut deux hommes parce qu'il avait vu leur portrait aux murs des bureaux. Winthrop Dalton et V. Rodefer Harrow III. Ils portaient tous deux un costume rayé foncé avec gilet. Dalton avait la maigreur intègre et grisonnante de la vieille fortune de l'État de New York. Harrow était plus bedonnant, avec des bajoues délicates et des yeux bleus délavés. Il était chauve comme une molaire.

– Vous êtes le jeune De Chef, n'est-ce pas? demanda Dalton.

Il était assis sur la droite du bureau du directeur, Harrow sur la gauche. Le directeur brillait par son absence.

– Eh bien oui, monsieur, oui, on pourrait le dire. Mais du côté de mon père je suis un Hunt. L. Hunt de Texarkana. Vous avez peut-être entendu parler de lui. Matériel électrique. Homme de l'année local, 1954. Premier glorieux président des Arkansas Elks. Plus grand distributeur pour le Sud de la Douille Vermillon.

– Non, je regrette, dit Dalton. Asseyez-vous et parlez-nous de votre mère. Plus spécifiquement, de son père.

– Eh bien, il est mort, monsieur.

– Désolé de l'apprendre. Avait-il d'autres enfants?

– Oui, il a eu un fils.

Hunt vit frémir les bajoues de V. Rodefer Harrow.

– Et où habite votre oncle? demanda Dalton.

– Il est mort enfant. A trois ans. Un accident de chasse. Ça paraît cinglé, quand on l'explique, répondit Hunt en s'asseyant, avec hésitation, dans un des beaux fauteuils de cuir datant des meilleurs jours du bureau.

Il garda les mains posées sur les accoudoirs comme s'il s'apprêtait à partir instantanément au commandement.

– Racontez-nous ça. Nous savons que le monde est fait de choses bizarres. La parfaite vérité est souvent curieuse.

– Eh bien, il s'est noyé dans un canal d'irrigation, monsieur. Il chassait, si vous pouvez le croire.

– Certainement. Et à quel âge avez-vous commencé à chasser?

– Grand-père, le père de ma mère, m'a fait débuter jeune et puis il est mort, et ma mère m'a fait promettre de ne plus m'en servir et je n'ai pas chassé depuis.

Quand elle est morte, elle m'a légué le domaine de Plaquemens, celui de mon grand-père. Euh... Il était mort d'une crise cardiaque. Et alors... eh bien avec la première hypothèque du domaine, je me suis lancé dans les affaires. Je suis entré chez Dalton, Harrow, Petersen et Smith. Et je ne chasse pas.

– Vous dites que votre mère vous a fait promettre de ne plus vous en servir. Vous servir de quoi?

– Oh, un petit talent que j'ai. Je préfère ne pas en parler.

– Je préférerais que vous en parliez.

– Ma foi, monsieur, c'est personnel.

– V. Rodefer et moi comprenons votre réticence. Mais nous aimerions que vous ayez confiance en nous. Que vous nous considériez comme des amis.

– Comme des amis, appuya V. Rodefer Harrow III.

– De bons amis, renchérit Winthrop Dalton.

– Ça me gêne, messieurs.

– Les amis ne doivent pas être gênés devant des amis, dit Winthrop Dalton. Êtes-vous gêné devant moi, V. Rodefer?

– Je suis trop riche pour être gêné, assura V. Rodefer Harrow III.

– Excusez V. Rodefer. Il est de la Côte. Continuez, je vous prie.

– Eh bien, nous avons un talent spécial dans la famille. Du côté de ma mère. Ça concerne les objets. Ça paraît simple mais en réalité c'est compliqué et ça a une histoire sordide et ma mère m'a fait promettre de ne jamais le transmettre. Et on dirait que je ne pourrai pas puisque je n'ai pas de fils.

– Nous le savons mais ne pourriez-vous pas l'enseigner à quelqu'un d'autre? demanda Dalton.

– Ce n'est pas quelque chose qu'on puisse vraiment enseigner. On ne peut l'apprendre qu'à certaines personnes, vous savez. Il y a des gens qui savent localiser des objets à l'instinct, puis il y a aussi une question d'hérédité, si vous voyez ce que je veux dire.

– Vous avez donc ce truc?

– Oui, certainement. Tout comme si le côté de mon père avait été De Chef.

Les bajoues de Harrow tressautèrent de joie.

– Pouvez-vous nous le montrer, ce « truc »? demanda Dalton.

– Bien sûr.

Hunt se leva, prit une feuille de papier, un stylo, un calendrier, les frappa légèrement sur la paume de sa main gauche et après l'avoir annoncé « La corbeille à papiers, là », il jeta le stylo de côté, puis le calendrier et enfin, d'un geste brusque, il lança en l'air la feuille de papier. Le stylo, comme un petit javelot, frappa de la pointe et tinta dans le fond de la corbeille métallique. Le calendrier y plongea tout droit, et le papier s'envola, tournoya, se posa sur le rebord, pencha à gauche et glissa à l'intérieur.

– Avec le papier, c'est l'air. Le papier, c'est le plus

compliqué. Le vrai secret, c'est qu'il n'y a pas de constantes. On ne s'en rend compte que lorsque, disons, lorsqu'on tire au fusil par grand vent de travers, mettons vingt nœuds. Voyez ce que je veux dire? Ou les golfeurs par temps de brouillard, mais il faut que ce soit un brouillard vraiment épais, et alors ils s'aperçoivent qu'ils ne travaillent pas avec une constante. C'est vraiment une forme de sensibilité, savoir où tout se trouve par rapport à tout le reste, et sa masse, bien sûr. La plupart des gens considèrent que l'air n'est rien mais ils se trompent. C'est quelque chose. Comme l'eau ou comme ce bureau. L'air est une chose.

– Ce talent que vous avez marche avec tous les objets? demanda Winthrop Dalton.

V. Rodefer Harrow se pencha au-dessus de sa bedaine et la lumière brilla sur son crâne poli.

– Bien sûr.

– Allons au golf, déclara Dalton. Pour un petit match amical.

– Mille dollars le trou, proposa Harrow.

– Je n'ai pas... Ça me gêne de le dire, pour un homme de Bourse, mais je n'ai pas mille dollars.

– C'est tout à fait caractéristique d'un homme de Bourse. Combien avez-vous?

– Je dois avoir trente-cinq, non, trente-trois *cents*. J'ai acheté une brioche.

– Nous jouerons pour ça, décida Harrow.

– Je n'ai pas de carte du club.

– Nous nous en occuperons. Avez-vous des crosses de golf? Aucune importance, nous vous en procurerons. N'allez surtout pas vous croire pauvre parce que vous n'avez pas d'argent. Nous connaissons des revers aussi mais la clef de notre « truc », pour ainsi dire, c'est que nous ne nous croyons pas pauvres. Et nous ne voulons pas que vous le pensiez de vous-même.

– Absolument pas, dit V. Rodefer Harrow.

S'il ne s'était pas agi de ces deux hommes-là, Ferdinand De Chef Hunt se serait senti gêné d'être sur un terrain de golf en compagnie de deux individus en gilet, manches retroussées et souliers de ville.

Dalton avait discuté avec le « pro » le prix de location des clubs de golf, ce qui aurait fait durement souffrir Hunt dans sa fierté s'il n'avait été *le* Winthrop Dalton. Dalton demanda les balles les moins chères.

Quand Dalton démarra au « par » quatre pour le premier trou de 425 mètres, il lança vigoureusement sa balle dans les fourrés bordant le lac Pontchartrain. Il retarda les autres départs pendant vingt minutes, en cherchant sa balle, bien qu'il en eût trouvé deux autres par la même occasion.

Le jeune Hunt driva un 165 mètres pas très respectable mais le drive fut droit comme un I sur le parcours. La brise du lac le ravigotait. L'herbe fraîchement tondue sentait bon, le soleil chauffait, et Ferdinand De Chef Hunt oublia la Bourse aussi totalement que c'était possible.

Son deuxième coup fut de 150 mètres, toujours aussi droit et V. Rodefer Harrow, sur le petit chariot électrique, remarqua qu'il ne voyait rien d'impressionnant. Puis Hunt prit son fer six pour une longue parabole parfaite, directement dans le trou.

– Phuiiii, siffla Harrow.

– Ah, fit Dalton.

– Facile, dit Hunt.

– Nous vous devons trente-trois *cents* chacun, dit Dalton. Ça fait soixante-six *cents*.

Il fit tirer à Harrow de la monnaie de sa poche.

– Jouons pour soixante-six *cents* chacun, je veux me refaire, déclara-t-il. Pas vous, V. Rodefer?

– Certainement, dit Harrow qui avait marqué un neuf en trichant.

Dalton avait sept, avec un bon putt. Le coup suivant fut encore un « par » quatre, que Hunt joua exactement de la même façon.

– Vous avez maintenant un dollar trente-deux. Jouons ça à quitte ou double.

– C'est un « par » trois, 170 mètres. Je suis très fort sur ceux-là, dit Hunt.

– Voyons un peu.

Hunt réussit un « birdie », un coup de moins que le « par », et joua 2 dollars 64 le trou suivant. Tout en foulant le gazon, passant de fairways en greens, ses nouveaux amis l'interrogeaient sur son « truc », doublant à chaque fois la mise en disant qu'ils devaient absolument se refaire. Au septième trou, ils jouaient 42 dollars 24, et Hunt était en veine de confidences.

Sa mère, dit-il à ses nouveaux amis, lui avait fait promettre de ne pas s'en servir à cause du passé sordide de ce talent. Le talent n'était pas toujours employé pour le sport. A l'origine, on l'avait utilisé avec des couteaux et des armes à feu. Pour de l'argent, De Chef était un vieux nom français qui remontait à un serviteur de la cour de Louis XIV. Ce serviteur était chef adjoint des cuisines mais pour lui donner le droit de tuer de la noblesse, le roi devait l'anoblir. Tout s'était passé quand un assassin – il n'y avait pas d'autre mot – oriental était venu à la cour à la demande du roi. Hunt ne savait pas si Dalton et Harrow connaissaient bien l'histoire, mais à l'époque le Roi Soleil avait des ennuis avec la noblesse. Il voulait unifier le pays. Bref, cet assassin ne s'était pas plu en France. Il n'était pas chinois, c'était la seule description qui avait été transmise dans la famille De Chef. Et il n'aimait pas la France. Alors le roi qui avait beaucoup de respect pour lui – enfin, c'était probablement de la peur – a dit qu'il paierait très cher ce type pour apprendre à quelques-uns de ses loyaux seigneurs certaines des choses qu'il était capable de faire. On dit que l'Oriental était stupéfiant.

– Nous vous trouvons stupéfiant, dit Harrow en comptant 169 dollars de son bel argent qu'il fourra dans la poche de Hunt en quittant le dixième trou pour remonter vers le club.

– Non. Ce type l'était, paraît-il. Ce que je fais n'est rien, enfin pas grand-chose. Bref, aucun des seigneurs n'a tout à fait saisi le coup. Mais l'Oriental découvre que le chef-adjoint, lui, a réussi. Cependant pour le roi un roturier ne peut pas tuer de princes. Il a fallu résoudre le problème. Comme ils font toujours en France, ils ont découvert une histoire de bâtard, par laquelle mon ancêtre avait du sang bleu et par conséquent, en prenant le « truc » de l'Oriental, il pourrait s'en aller faire leur affaire à tous les nobles que désignerait le roi. Quand la famille a quitté la France, avant la Révolution, ils ont plus ou moins gagné leur argent de la même façon jusqu'à ma mère. Et elle a déclaré que ça suffisait comme ça et m'a fait promettre de ne jamais me servir de mon talent pour gagner de l'argent.

– Noble pensée et belle promesse, dit Dalton. Mais si quelque chose n'est pas bon, ou faux, ce n'est pas noble, n'est-ce pas?

– Ma foi, sans doute pas, dit Hunt qui, ayant gagné 337 dollars 92, invita les deux hommes à dîner.

Et à ce moment-là, quand il eut payé près de deux cents dollars, trois couverts chez *Maxim's* et dépensé une bonne partie de ses gains, Winthrop Dalton se fit un plaisir de lui apprendre qu'il avait failli à la promesse de sa mère.

– Mais ça n'a commencé qu'avec trente-trois *cents.* J'ai toujours joué pour des déjeuners ou des verres, ou peut-être un dollar ou deux.

– Eh bien maintenant, ça fait trois cent trente-sept dollars et quatre-vingt-douze *cents.*

– Je vais les rendre.

– Ça ne changera rien au manquement à la promesse et, entre nous, nous n'en voulons pas. C'était un plaisir de vous voir faire.

– Très certainement, renchérit Harrow. Probablement une des quinze plus grandes joies de la vie.

– Est-ce que ça vous fait mal d'avoir failli à la promesse? demanda Dalton.

– A présent, oui.

– Mais pas avant que vous ne vous le disiez. Quand vous avez rompu la promesse sans le savoir, tout allait très bien, n'est-ce pas?

– Ma foi... oui, avoua Hunt.

– Êtes-vous votre ami ou votre ennemi? demanda Harrow.

– Je suis mon ami, je pense.

– Alors pourquoi vous faites-vous du mal?

– J'ai... euh... j'avais promis.

– Précisément. Et avec votre attitude envers cette promesse, vous êtes prêt à vous ôter le pain de la bouche, à vous forcer à vivre dans un taudis – vous êtes fauché – et dans l'ensemble à vous faire du mal. Pensez-vous vraiment que vous méritez de vous faire du mal?

– Eh bien, non.

– Alors pourquoi le faites-vous?

– On m'a appris qu'une promesse est une promesse.

– On vous a appris beaucoup de choses. A moi aussi. Bien des choses qui m'ont rendu malheureux et, pour tout dire, odieux, déclara Dalton.

– Vous pouvez partir d'ici fauché, reprit Harrow. Vous pouvez rendre l'argent. Vous pouvez même nous devoir ce repas et vous passer de déjeuner pendant un mois pour me rendre ce dont je n'ai pas besoin. Est-ce que ça vous rendra heureux?

– Bien sûr que non, dit Hunt.

– Alors c'est plutôt stupide, non?

– Oui, en effet.

Dalton posa une main noueuse sur l'épaule du jeune homme.

– Dites-moi, mon garçon, est-ce que vous n'en avez pas un peu assez d'être stupide, de vous faire du mal, de vous rendre la vie impossible? Hein?

– Plutôt, oui.

– Plutôt oui. Vous ne savez pas? insista Dalton. Êtes-vous stupide?

– Non.

– Alors cessez de faire l'imbécile. Ce serait plutôt bête de mourir de faim pour essayer de tenir une promesse qui a déjà été rompue.

– Je garderai l'argent, déclara Hunt.

– Oui, mais ce n'est pas tout à fait tout. Nous voulons que vous deveniez riche et heureux. Voulez-vous vous joindre à nous pour que nous vous rendions riche et heureux?

– Voulez-vous? demanda V. Rodefer Harrow III.

– Oui, monsieur, répondit Ferdinand De Chef Hunt.

– Nous voulons, dit confidentiellement Dalton, vous faire connaître l'homme le plus merveilleux du monde. Il n'a que quinze ans et il en sait plus que nous tous réunis sur les moyens de rendre les gens heureux. Des gens importants, aussi. Vous n'en reviendrez pas.

– Et il est ici en Amérique, en ce moment, renchérit Harrow.

– Loué soit son nom bienheureux, dit Winthrop Dalton.

– Louée soit sa parfaite béatitude, murmura V. Rodefer Harrow III.

# CHAPITRE VIII

Le Dr Harold W. Smith examina, en plissant les yeux, la pile de feuillets agrafés posée sur son grand bureau métallique.

« Conditions de Location », tel était le titre, et quand il eut parcouru les attendus, contredits par les « il convient de noter », tempérés à leur tour par les « cependant » modifiés par les « sauf en cas de », eut automatiquement traduit le tout en langage clair, il apprit que la Mission de la Divine Béatitude S.A. avait loué le Stade Kezar à San Francisco, pour une nuit, dans quatre jours, « pour les besoins d'un meeting religieux ».

Le document était signé, pour la Mission de la Divine Béatitude S.A., par un certain Gasphali Krishna, également connu sous le nom d'Irving Rosenblatt, portant le titre de « Premier Archiprêtre, district de Californie ». Un tampon à la dernière page annonçait que la location était « payée en totalité ».

Smith relut les papiers. C'était ça, le « grand événement », il n'en doutait pas. Mais qu'y avait-il d'extraordinaire à un rassemblement religieux, dans quelque stade que ce fût? Depuis Billy Sunday jusqu'à Billy Graham et Oral Roberts en passant par Aimee Simple McPherson, Father Divine et le Prophète Jones, des millions de personnes s'étaient rassemblées pour écouter la version de Dieu de quelqu'un, et le pays ne s'en portait pas plus mal. Qu'allait donc faire de différent ce délinquant juvénile de l'Inde?

Bien sûr, il y avait la liste de noms que Remo avait donnée à Smith, sur les partisans du Maharaji. Des gens importants, souvent haut placés. Et alors? Qu'allaient-ils faire qui justifierait cet effort de l'organisation de Smith?

Il baissa de nouveau les yeux sur l'engagement de location. S'il n'y avait pas ce nombre d'Américains partis pour Patna qui avaient disparu, et le refus du gouvernement indien de s'en soucier, Smith aurait sérieusement douté que ce fût du ressort de CURE. Jusqu'à présent, il n'y avait rien qui puisse représenter une menace contre le gouvernement américain. Et c'était cela, la seule et unique mission de CURE : préserver le gouvernement constitutionnel. C'était pour cela que CURE avait été créé par un Président disparu depuis, c'était pourquoi Smith avait été placé à sa tête, c'était pourquoi deux personnes seulement, en dehors du président des États-Unis en fonction – Smith et Remo – savaient ce qu'était CURE et à quoi cela servait.

Pour ce qui était du secret, le Projet Manhattan, à côté de CURE, était une réunion publique du parti démocrate. Pourquoi pas? Le Projet Manhattan n'avait produit qu'une bombe atomique mais le secret de CURE devait être encore plus important, car si CURE était dévoilé, ce serait l'aveu que le gouvernement constitutionnel ne valait rien, et cela risquerait de détruire la nation tout entière.

Le Dr Smith referma le dossier. Sa décision était prise. Remo travaillait à l'affaire, et il le laisserait continuer. Mais pour plus de précaution, il prendrait la liste de noms de Remo et veillerait à les immobiliser tous avant le marathon-béatitude du Maharaji Dor. Quelque chose comme une hospitalisation obligatoire pour cause de bilan de santé, peut-être. Ça permettrait de souffler. Mais Smith regrettait de ne pas avoir les noms de tous les fidèles américains de Dor. Remo avait dit qu'il y en avait davantage.

Smith se tourna vers le terminal de l'ordinateur, encastré sous un panneau de verre de son bureau, qui imprimait silencieusement et sans relâche les conclusions sommaires des renseignements rassemblés par des milliers d'agents dans tout le pays, des agents qui croyaient travailler pour le FBI ou les contributions, comme inspecteurs des douanes ou experts comptables, et dont tous les rapports aboutissaient aux ordinateurs de CURE.

Un signe ici, une parole imprudente là, un changement de prix ailleurs, et l'ordinateur en tirait des conclusions qu'il présentait au bureau de Smith, en recommandant des actions.

L'ordinateur imprima silencieusement : « Possible afflux devises étrangères, prix troublants à la bourse des céréales du Middle West. Pas de recommandation. »

Il s'interrompit et reprit : « Compagnie aérienne proche de faillite redevient apparemment solvable. Enquêter sur liens possibles avec OPEP. »

Ces rapports arrivaient toute la journée sur son bureau. Ils étaient le pain quotidien de son travail, se rappela Smith. Les choses importantes. Les choses qui pouvaient avoir une influence sur la sécurité de l'Amérique, sa position dans le monde.

Peut-être s'était-il trompé, pensa-t-il. Peut-être Remo devrait être immédiatement rappelé de cette affaire de Mission de la Divine Béatitude. Il se dit qu'il avait peut-être bien réagi exagérément en l'y envoyant.

Smith baissa les yeux sur l'ordinateur, qui recommençait à imprimer sous le panneau de verre.

« Meurtre d'un policier au Middle West apparemment lié à lutte pour le pouvoir syndicat du crime dans cette région. Personnalités du crime organisé ont des rapports étroits avec plusieurs sénateurs, et certaines lois d'immigration intéressant ces personnalités du crime ont été présentées par ces sénateurs. »

Ça, pensa Smith, c'était important. Le crime allongeait ainsi ses tentacules jusque dans le Sénat des États-Unis. C'était sans doute un cas pour les talents de Remo.

L'ordinateur continuait de former des lettres : « Suggère pression sur les sénateurs, pour obtenir qu'ils suppriment protection politique aux chefs des gangs. »

Probablement la bonne approche, se dit Smith. Et probablement la prochaine mission pour Remo.

Mais l'ordinateur n'avait pas fini :

« Louons tous le Divin Maître Bienheureux. Que la Béatitude soit. »

Et Smith frémit.

***

Pendant ce temps, à quatre mille trois cent cinquante kilomètres, à l'autre bout du pays, Martin Mandelbaum frémissait aussi, de colère.

Ils allaient voir ce qu'ils allaient voir, c'était sûr. Il les aurait, pour les avoir, il les aurait. Comment osaient-ils? Bon Dieu de bon Dieu, comment pouvaient-ils?

En arpentant le sol de marbre poli de l'aérogare centrale de San Francisco, il devenait de plus en plus furieux.

Qu'est-ce que c'était que ce petit voyou à la figure de pleine lune?

Le long de tous les murs, sur chaque colonne, chaque corbeille à papier, partout dans son aérogare bien propre, il y avait une affiche avec la tête de ce gros garçon à l'air pédé avec sa demi-brosse à dents de moustache. Qu'est-ce que c'était que ce petit con?

Sous la photo en couleur, il y avait quelques lignes :

IL ARRIVE.

MARDI SOIR.

STADE KEZAR.

VOUS ÊTES TOUS INVITÉS.

ENTRÉE GRATUITE.

Qui diable était-IL?

Et qu'est-ce que ces foutues affiches faisaient dans la belle aérogare bien propre de Martin Mandelbaum?

IL, quel qu'IL soit, avait un foutu culot et les hommes chargés de l'entretien sous la houlette de Mandelbaum allaient en prendre pour leur grade.

Rageusement, il arracha une des affiches d'une

colonne et s'engouffra dans le corridor menant à son bureau.

– Bonjour, monsieur Mandelbaum, lui dit sa secrétaire.

– Convoquez-moi tout le monde, gronda-t-il. Tout le monde. Balayeurs, dames-pipi, laveurs de vitres, peintres, plombiers, tout le monde. Qu'ils soient dans la salle de conférences dans cinq minutes.

– Tous?

– J'ai dit tous, Miss Perkins. Tout le monde, nom de Dieu!

Mandelbaum entra dans son bureau et claqua la porte. Leur cul, il aurait leur cul. Comme il le faisait pendant la guerre quand il était sergent-chef, comme il l'avait fait dans son premier emploi civil où il avait deux types sous ses ordres, comme il l'avait fait en gravissant les échelons administratifs, comme il l'avait fait toute sa vie.

Il n'était pas possible que des vandales se soient introduits pendant la nuit dans son aéroport pour le placarder d'affiches d'IL. Mandelbaum regarda celle qu'il avait arrachée.

Une vraie gueule de petit con. Pédé. Pourquoi diable ses hommes ne les avaient-ils pas vus en train de profaner l'aéroport?

– IL, dit tout haut Mandelbaum à l'affiche, ferait bien de ne pas mettre les pieds dans mon foutu aéroport.

Il se racla la gorge et plaça un glaviot entre les deux yeux du Maharaji Gupta Mahesh Dor, le Maître Bienheureux, puis il jeta l'affiche dans sa corbeille à papier et se mit à marcher de long en large, en comptant les cinq minutes.

L'attente en valut la peine. Ce fut superbe. Il leur

en fit voir, et ils en prirent pour leur grade. Cent quarante personnes restèrent debout dans un silence gêné pendant que Martin Mandelbaum leur disait ce qu'il pensait de leurs efforts pour maintenir l'aérogare bien propre, ainsi que quelques pensées profondes sur les mœurs de leur mère et le manque de virilité de leurs pères présumés.

– Maintenant foutez-moi le camp, conclut-il. Foutez le camp et débarrassez-moi de toutes les affiches de cette espèce de foutu pédé à la con et si jamais vous voyez quelqu'un en train d'en recoller, appelez les flics et faites-moi arrêter ces fumiers. Et si vous leur cassez la gueule avant, tant mieux. Maintenant de l'air.

Il se retourna et vit son second, un policier irlandais à la retraite nommé Kelly, tranquillement assis à côté de lui.

– Kelly, assurez-vous que le travail est fait proprement.

Kelly hocha la tête et comme le discours de Mandelbaum n'était pas précisément calculé pour inviter à la discussion, les cent quarante personnes s'en allèrent sans mot dire. Elles se dispersèrent dans l'aérogare et commencèrent à arracher les images du Maharaji Dor.

– Qu'est-ce qu'on va en faire? demanda un balayeur.

– Je vais les prendre, répondit Kelly. Je m'en débarrasserai. Ne les déchirez pas. Je pourrai peut-être les vendre à un chiffonnier.

Il rit tout bas et commença à collectionner les affiches qui s'entassèrent sur ses bras tendus.

– Je vais m'en débarrasser, dit-il aux employés qui s'activaient dans les salles comme une armée de fourmis dévorant un bout de viande. N'en laissez pas une seule. Nous ne voulons pas avoir encore le youpin sur le dos, hein?

Et il cligna de l'œil. Et les employés lui rendirent son clin d'œil, tout en sachant qu'un homme qui appelait Mandelbaum le « youpin » derrière son dos, n'hésiterait pas à les appeler, eux, le négro, le rital ou l'espingouin dès qu'ils auraient tourné le leur. Kelly avait les bras chargés mais l'aérogare était propre comme un sou neuf quand, suant et soufflant sous son fardeau, il sortit du grand hall pour aller aux vestiaires du personnel.

Il posa la pile d'affiches sur une table de bois dans le vestiaire désert et, avec une clef, ouvrit une grande armoire métallique dans un coin.

La porte s'ouvrit. Collée à l'intérieur, il y avait une affiche du Maharaji Gupta Mahesh Dor.

Kelly regarda prudemment autour de lui pour s'y assurer qu'il n'y avait personne, se pencha et embrassa la photo sur les lèvres surmontées de duvet.

– Ne t'en fais pas, Maître Bienheureux, chuchota-t-il. Le youpin ne peut rien contre la béatitude.

Il transféra avec grand soin les affiches de la table dans l'armoire. Quand Mandelbaum serait rentré chez lui, il reviendrait les chercher et les recollerait. Comme il l'avait fait la nuit passée.

## CHAPITRE IX

– Vous m'étonnez, petite, vous n'avez pas la tête de la grande patriote américaine, dit Remo.

Joleen Snowy l'ignora. Elle resta à genoux par terre, au pied de la passerelle de l'avion d'Air India, prosternée, embrassant l'asphalte, les bras étendus devant elle en prière, ses fesses rondes levées vers l'appareil.

– Ah, merveilleuse Amérique, gémit-elle. Terre de beauté et de bonheur.

Remo regarda Chiun, qui était à côté de lui.

– Oh, merveille des merveilles de l'Occident. Oh, reposoir de tout ce qui est bon.

– Voyez, dit Remo. Une patriote.

– Béatifique bienfaisance. Vaisseau de pureté, gémit Joleen.

– Je trouve qu'elle exagère, grommela Chiun. Et le racisme? Et le Gatewater?

– Simples détails, riposta Remo, et il souleva Joleen par un bras. Ça suffit, hue cocotte, on y va.

Elle se releva, toute droite, très près de Remo et lui sourit. Sous la marque d'argent et les yeux charbonneux, il y avait un charmant visage de très jeune personne.

– Je peux vous remercier de m'avoir amenée dans ce merveilleux pays.

– Il n'est pas mal, dit modestement Remo. Bien sûr, mais il a des défauts. Même moi, je dois bien le reconnaître.

– Il n'a pas de défauts, protesta Joleen. Il est parfait.

– Pourquoi l'avez-vous quitté, alors? demanda Remo en la pilotant vers l'aérogare.

– Je suis partie parce que le Maître Bienheureux était en Inde, et l'Inde était donc parfaite. Et maintenant que le Maître Bienheureux est en Amérique...

– Oui, d'accord, maintenant l'Amérique est parfaite.

Remo se tourna vers Chiun et fit un geste d'impuissance. Chiun murmura :

– Quelqu'un qui permet aux Ilhibads de descendre des montagnes pour le défendre est capable de tout. Si la fille est une de ses fidèles, elle n'est pas bien dans la tête. Elle doit être surveillée.

Ils franchirent les portes de l'aérogare, et aussitôt Joleen poussa un grand cri et s'arracha à Remo. Dans le vaste hall, des gens se retournèrent pour voir d'où venait ce cri. Ils virent une fille drapée de rose se précipiter en courant comme une championne olympique vers une colonne de pierre contre laquelle elle se jeta en la prenant à bras-le-corps, pour la couvrir de baisers brûlants.

– Ça commence à devenir ridicule, Chiun, dit Remo.

– C'est ton problème. Je ne désire qu'embarquer dans le vaisseau pour retourner à Sinanju et ne pas en être privé par tes sottises.

– C'est vous qui avez décidé de ne pas y aller, protesta Remo tout en observant le dos de Joleen qui se pâmait toujours contre la colonne.

– Seulement parce que j'avais une mission à remplir, et maintenant qu'elle est remplie je veux retourner chez moi. Si ce pays était un pays convenable où les gens tiennent leurs promesses, je ne...

– Bon, d'accord, d'accord, d'accord!

Remo s'éloigna pour ramener Joleen. Elle avait quitté sa colonne et en embrassait une autre. Remo vit ce qu'elle couvrait de baisers mouillés. Il y avait sur la colonne une affiche représentant le Maharaji Gupta Mahesh Dor. Remo secoua la tête. Ce type avait l'air d'un gros crapaud. Un crapaud basané avec une moustache qui n'arriverait jamais à en être une.

En s'approchant de Joleen il l'entendit délirer :

– Ô divine Béatitude, ô plus parfait des Maîtres, psalmodiait-elle, et chaque mot était ponctué d'un gros bisou, ta servante t'attend, le corps ouvert, le vaisseau dépendant de ta divine volonté.

– Allons, allons, pas de cochonneries, dit Remo en la soulevant par la taille pour l'écarter de la colonne.

– Ne souillez pas une chose pure, belle et religieuse. Je suis sa servante!

– Il m'a l'air de pouvoir être un petit vieux bien sale, grogna Remo, sauf qu'il manque vraiment de caractère. Il a plutôt l'air d'un sale petit cochon avec du duvet sur la lèvre.

Chiun les rejoignit, et Remo poussa Joleen Snowy vers la sortie.

– Il est le Maître parfait, glapit-elle. Toute Béatitude. Toute Paix et Tout Amour pour ceux qui l'aiment sincèrement. Je fais partie des élus!

Elle continua son tintouin dans le taxi, pendant que Remo essayait de donner l'adresse au chauffeur.

– Il est Bonheur. Il est Beauté. Il est Pouvoir.

– Elle est dingue, confia Remo au chauffeur. Conduisez-nous en ville. Je vous dirai où, quand elle se fatiguera.

Mais Joleen ne se fatigua pas.

– Toute Béatitude. Toute Perfection. Toute Paix. Tout Amour, hurlait-elle à tue-tête.

– Arrêtez-vous un instant, chauffeur, dit Remo.

Quand le taxi se rangea contre le trottoir, il se pencha sur le dossier avant pour que l'homme puisse l'entendre.

– Est-ce que ce bruit vous rend fou?

Le chauffeur hocha la tête.

– Je croyais que c'était votre petite sœur, un truc comme ça, cria-t-il.

Remo fit signe que non, tira de sa poche un billet de cinquante dollars et le tendit par-dessus le dossier.

– Ecoutez. Voilà un pourboire d'avance. Allez donc boire un café dans ce snack, là-bas. Accordez-moi cinq minutes.

Le chauffeur se retourna à demi et examina Remo.

– Vous ne mijotez pas un sale coup, j'espère? La semaine dernière, y a des gars qui ont attaqué un taximètre.

– Je n'ai jamais attaqué de mètre de ma vie, assura Remo. Allez. Cinq minutes.

– Je garde la clef?

– Mais oui.

Le chauffeur regarda les cinquante dollars, haussa les épaules, cueillit le billet aux doigts de Remo et le fourra dans la poche de sa chemise à carreaux.

– Temps pour ma pause, n'importe comment.

Il descendit et s'éloigna du taxi en empochant la clef.

– Toute Vérité. Toute Merveille. Toute Beauté...

– Chiun, vous ne voulez pas aller faire un tour? demanda Remo.

– Je ne veux pas du tout. Je ne vais pas être chassé de ce taxi par les cris d'une folle. D'ailleurs, le quartier ne paraît pas sûr.

– D'accord, petit père, mais n'allez pas dire que je ne vous ai pas averti.

Remo se tourna vers Joleen Snowy qui glapissait toujours, glissa une main sous son sein gauche, trouva un nerf et le pinça.

– Ô Sensibilité, ô Perfection, oh, oh, oh, oh, oh.

– Ô dégoûtation, grogna Chiun. Les Américains sont comme des chevaux au haras.

Ses mains ne parurent pas bouger, mais soudain il fut sur le trottoir, et la portière claqua avec un bruit qui augurait mal de la longévité de sa serrure. Seul dans le taxi avec Joleen, Remo grinça :

– Vous voulez de la béatitude? Je m'en vais vous en donner.

Ce qu'il fit.

A une extrémité de la rue, le chauffeur du taxi buvait un café.

A l'autre bout, Chiun contemplait une vitrine pleine de magnétophones, de transistors et de postes de télé portatifs, paraissant tous intéressants et dignes d'être possédés jusqu'à ce qu'il s'aperçoive qu'ils étaient de fabrication japonaise.

Il se força à rester là pendant trois cents secondes exactement, puis il retourna au taxi. Il monta à l'arrière et s'assit à côté de Remo et de Joleen Snowy. Il ne dit rien.

Quelques minutes plus tard, le chauffeur revint. Il jeta un coup d'œil méfiant vers l'arrière paisible, pour s'assurer que le client n'avait pas assassiné la braillarde. Joleen était tranquillement assise entre Remo et Chiun. Elle ne laissait échapper qu'un petit gémissement de temps en temps.

– Mmmmmmmmmm.

Elle souriait beaucoup. Le chauffeur démarra.

– Mmmmm. Béatitude. Paix. Mmmmmmm, murmura Joleen en mettant ses bras autour du cou de Remo. Tu es un maître parfait aussi.

Chiun ricana. Remo regarda par la vitre d'un air écœuré.

Dix minutes plus tard, Remo était dans une cabine téléphonique. De l'autre côté de Market Street, à San Francisco, une horloge à lecture directe, sur la façade d'une banque, égrenait les heures, les minutes et les secondes en caractères lumineux. 11 h 59′ 17″.

Cette heure ne faisait pas plaisir à Remo; il lui semblait qu'il était plus tard. Il n'avait pas de montre, il n'en portait pas depuis des années, mais il ne croyait pas à 11 h 59 et, maintenant, 22 secondes.

Remo tourna le cadran, formant un numéro non taxé de l'indicatif 800. A la première sonnerie, Smith répondit.

– Juste à temps, dit-il. J'allais débrancher cette ligne pour la journée.

– Quelle heure est-il? demanda Remo.

– Midi deux minutes et quinze secondes.

– Je le savais, dit Remo. Cette horloge retarde.

– Qu'est-ce que ça peut faire? La plupart des horloges avancent ou retardent.

– Ouais. Je savais qu'elle se trompait mais je ne savais pas de combien. Il y a des années que je n'ai pas autant dévié de l'heure juste.

– C'est peut-être le décalage horaire, suggéra Smith.

– Je n'ai pas de décalage horaire, Dieu sait ce que c'est.

– Peu importe. Quoi de neuf?

– Nous sommes allés à Patna mais le petit crapaud avait fichu le camp.

– Où êtes-vous en ce moment?

– A San Francisco. Sa Très Béatifique Connerie organise une espèce de rassemblement ici dans deux ou trois jours.

– Oui. Je présume que c'est ce « grand coup » dont nous avons entendu parler.

– Probable. Il a collectionné des pasteurs baptistes.

– Des pasteurs baptistes? Pour quoi faire?

– Je ne sais pas. Des convertis, peut-être, ou je ne sais quoi. Quand je l'aurai trouvé, je le lui demanderai. J'ai Chiun sur le dos. Il veut aller à Sinanju tout de suite.

– Remo, il faut que ça attende. CURE a été compromis. Quelque part chez nous, nous avons un fidèle du Maharaji.

– Pourquoi pas? Il en a partout. Est-ce que vous

avez lâché tous ces gens du haut de l'Empire State Building comme je vous l'avais conseillé?

– Non. Mais ils vont tous en clinique pour des examens médicaux jusqu'à ce que le Maharaji quitte le pays. Vous avez dit qu'il y avait d'autres noms, d'autres fidèles que cet homme de San Diego ne connaissait pas.

– Ouais.

– Voyez si vous pouvez découvrir qui ils sont. Ce n'est qu'une intuition, mais j'ai dans l'idée que ce « grand coup » a un rapport avec ses fidèles américains.

– Ça se pourrait.

– Avez-vous besoin d'aide? demanda Smith.

– Ma foi, une fanfare ne serait pas mal pour que tout le monde sache que Chiun et moi sommes ici. Deux unités de lance-flammes et une division d'artillerie, et je crois que nous pourrions nous occuper de Son Eminente Grosseur. Nous n'avons pas besoin d'aide, naturellement. Pas celle que vos ordinateurs pourraient nous fournir en tout cas. Quelle heure est-il?

– Midi cinq et dix secondes.

– Merde, je ne suis pas juste. A un de ces jours, Smitty. Ne dépassez pas votre budget.

Dans le taxi, alors que Remo revenait, Joleen demanda à Chiun :

– Vous êtes son ami?

– Je ne suis l'ami de personne sauf de moi.

– C'est que vous paraissez si proches.

– Il est mon élève. Il est attardé, mais nous faisons de notre mieux avec ce que nous avons. C'est plus un fils qu'un ami.

– Je ne comprends pas.

– Si on n'aime plus un ami, on met fin à l'amitié. Avec les fils, c'est différent. Si on ne les aime plus, ils restent quand même vos fils.

– Vous l'avez dit, pépé, intervint le chauffeur. J'en ai un comme ça. Un grand costaud. Vedette de son équipe de foot au lycée. L'a obtenu une bourse pour ça, pour l'université de Californie. Mais il est trop flemmard pour finir ses études, et vous croyez qu'il va chercher du travail? Mon cul, oui. Il dit comme ça qu'il attend une situation. Veut pas accepter n'importe quel emploi.

– Les activités de votre crétin de rejeton ne m'intéressent pas, dit Chiun.

– Ouais, une situation, reprit le chauffeur, n'ayant pas entendu un mot de ce que disait Chiun. Vous vous rendez compte? Peut pas accepter un emploi, lui faut une situation. Misère. La position.

– Je ne sais pas pour votre fils, mais je connais la *position* qui est bonne pour vous, marmonna Chiun : A plat ventre. La bouche pleine de terre. Silencieux.

Remo remonta dans le taxi.

– Alors? demanda Chiun.

– Alors quoi?

– Quand est-ce que notre vaisseau part?

– Pas tout de suite, hélas, répondit Remo, et il donna au chauffeur une adresse dans Union Street.

Chiun croisa les bras. Joleen le regarda, puis elle se tourna vers Remo qui reprit :

– On n'y peut rien. C'est les affaires, petit père. Elles passent avant tout.

Joleen se tourna vers Chiun.

– Ça ne devrait pas passer avant les promesses, dit-il.

– Nous avons cette petite chose à faire avant, expliqua Remo.

La tête de Joleen faisait du ping-pong entre eux.

– Mais qu'est-ce qu'une promesse faite par un homme blanc? se demanda Chiun, et il se répondit : Rien. Un rien fait par un rien, qui ne signifie rien et qui ne vaut rien. Remo, tu n'es rien. Smith est un rien.

– Tout juste, petit père. Et n'oubliez pas le racisme.

– Et vous êtes racistes tous les deux. Je n'ai jamais rien vu de pareil. Une promesse rompue. L'ingratitude. Tu ne ferais pas ça à quelqu'un dont la peau serait comme la tienne, blanche comme un ventre de poisson.

– Tout juste, répéta Remo. Nous sommes des racistes de la tête aux pieds, Smitty et moi.

– Précisément.

– Et on ne peut pas se fier à notre parole.

– C'est exact aussi.

Remo s'adressa à Joleen :

– Savez-vous qu'il m'a appris tout ce que je sais?

– Oui. Il me l'a dit.

– M'étonne pas.

– Il a raison, vous savez, dit-elle.

– A quel sujet?

– Vous êtes raciste?

– Qui dit ça?

– Tout le monde le sait. Tous les Américains sont racistes.

– C'est bien vrai, mon enfant, dit Chiun. C'est la défense adoptée par l'individu inférieur.

# CHAPITRE X

Dans une ruelle près d'Union Street à San Francisco, des hippies colportaient du fait-main. Bijoux, coquillages et cailloux peints, ceintures tressées et machins de cuir remplissaient de petits éventaires bordant la chaussée des deux côtés.

Les affaires sont généralement mauvaises, mais les vendeurs ont l'air de s'en moquer, heureux d'être simplement assis au soleil, de fumer de la marijuana et de causer entre eux de la belle vie après la révolution quand le nouveau gouvernement socialiste les paiera pour être assis là.

La ruelle aboutissait en impasse dans une cour de gravier entourée d'une haute palissade solide. Des stands bordaient toute la cour, et l'un d'eux arborait l'affiche du Maharaji Gupta Mahesh Dor.

Joleen tomba à genoux et embrassa le câble d'acier où l'affiche était collée.

– Ô Maître Bienheureux, entonna-t-elle. D'au-delà des mers, je viens vers ta bonté.

– Tire pas sur le câble, dit un jeune barbu blond bronzé, torse nu, en jean effrangé aux genoux, avec un seul anneau d'argent à une oreille et une concession de jus de raisin.

Aux autres stands le long de la palissade, des gens, en majorité des jeunes femmes, se retournèrent pour regarder Joleen.

– Ils sentent mauvais, dit Chiun à Remo.

Remo haussa les épaules.

– Est-ce que ce sont les enfants-fleurs?

Remo hocha la tête.

– Pourquoi est-ce qu'ils ne sentent pas les fleurs?

– La bonne odeur fait partie de la conspiration capitaliste.

Chiun renifla.

– Aucune importance. Tous les Blancs ont une drôle d'odeur.

Le blond barbu tirait Joleen pour la faire lever. Elle se débattait pour conserver sa position agenouillée, les mains crispées sur le câble qui maintenait le poteau soutenant l'auvent à charnière du stand de jus de raisin.

– Je te dis de foutre le camp, dit le jeune homme.

Remo fit un pas vers Joleen, mais une voix résonna dans la cour.

– Cessez!

Elle venait du fond. Les têtes se tournèrent de ce côté-là.

Un homme venait de sortir par une porte dans la palissade, entre deux stands. Il portait une robe rose tombant sur ses pieds aux sandales d'argent. Un trait d'argent était peint sur son front, assorti à celui de Joleen.

– Lâche-la, ordonna-t-il. Elle est de notre foi.

– Elle n'a rien à foutre à se cramponner à mon toit, grogna le jeune barbu, et il se remit à tirailler Joleen.

L'homme en robe frappa deux fois dans ses mains. Les jeunes femmes, toutes semblables, obéirent en marchant vers Joleen et le barbu. Le garçon continuait d'essayer de la faire lever. Il tourna la tête et vit une douzaine de jeunes femmes marchant sur lui, la figure impassible, les pieds, presque tous en sandales, martelant le gravier en cadence, avec un bruit de locomotive sortant lentement d'une gare.

– Oh dites! Ça va, protesta-t-il. Je rigolais, quoi. Je ne voulais pas qu'elle...

Elles étaient maintenant sur lui. Les quatre premières le jetèrent à terre sous leur poids. Elles s'étalèrent sur lui, le clouant au sol, et les autres se mirent à le frapper, à la figure et au corps, des mains et des pieds. Joleen se cramponnait toujours au câble d'acier en murmurant :

– Ô Bienheureux, ô Très Bienheureux.

L'homme au fond de la cour regarda Remo et Chiun et leur sourit, un sourire n'exprimant ni la chaleur amicale ni l'embarras, et frappa de nouveau dans ses mains, deux fois.

Au bruit sec, les douze femmes qui étaient tombées sur le jeune barbu s'immobilisèrent, se relevèrent et retournèrent à leurs stands.

– T'as une heure pour décamper, déclara l'homme au garçon qui gisait ensanglanté sur le gravier. Tu n'es pas digne de loger ici. (Puis il baissa la voix et s'adressa à Joleen :) Viens, enfant de Patna, la Béatitude t'attend.

Obéissant au commandement, Joleen se leva et se dirigea vers le fond de la cour. Remo et Chiun la suivirent.

– Avez-vous affaire avec nous? demanda l'homme à Remo.

– Nous l'avons ramenée de l'Inde. De Patna, répondit Remo et, pris d'une intuition subite, il exhiba la médaille dorée qu'il avait ramassée à Patna dans le palais de Dor.

– A vrai dire, déclara Chiun, nous étions en route vers Sinanju mais nous avons été arrêtés par une promesse d'homme blanc.

– Ah oui, Sinanju, marmonna l'homme décontenancé, et il regarda Remo d'un air entendu. Venez. Entrons.

Il les fit passer par la porte dans la palissade et traverser un jardin plein de grandes fleurs odorantes autant que tropicales, puis par la porte de service d'un bâtiment et entrer finalement dans une vaste salle ensoleillée faite de quatre plus petites, aux cloisons abattues, au rez-de-chaussée d'une vieille maison donnant sur une autre rue.

La pièce était d'une propreté immaculée. Dedans neuf jeunes femmes assises par terre, en longues robes blanches étalées autour d'elles, faisaient de la couture.

Elles levèrent les yeux quand ils entrèrent tous les quatre.

– Enfants de béatitude, dit l'homme en rose, frappant encore une fois dans ses mains. Ces voyageurs arrivent de Patna.

Les jeunes femmes, qui avaient la figure blanche et des cheveux blonds, châtains ou noirs, se levèrent précipitamment et vinrent entourer Joleen.

– Tu l'as vu?

– Oui.

– Tu as partagé sa Perfection?

– Oui.

– Accueillez-la et mettez-la à l'aise parmi vous, dit

l'homme, et il fit signe à Remo et Chiun de le suivre dans une autre pièce.

Derrière eux se poursuivait le joyeux babil des jeunes femmes.

– Comment est le Maître?

– Il est parfait, répondit Joleen.

Chiun s'arrêta et approuva de la tête.

– Et comment est sa Perfection?

– Il est d'une Parfaite Perfection.

Chiun approuva, encore plus vigoureusement. Joleen se laissait gagner par l'enthousiasme.

– Il est la Sagesse de toute sagesse, le Maître, la Bonté de tout ce qui est bon.

Chiun fut d'accord avec ça. Remo se pencha vers lui.

– Chiun, c'est du Maharaji qu'elles parlent.

– Non, protesta Chiun, sans le croire.

– Si, insista Remo.

– Ils sont fous, ces Américains.

En suivant le prêtre et Chiun dans le bureau, Remo se retourna. Les neuf filles étaient maintenant une quinzaine. L'une d'elles chuchota à l'oreille de Joleen qui rougit et hocha la tête. La fille battit des mains.

– Tu dois tout nous raconter.

– Moi aussi, je veux aller à Patna la Sainte, se plaignit une autre enfant, mais mon père m'a repris ma carte du Diner's Club.

– Venez toutes! cria une troisième aux nouvelles arrivantes. Venez faire la connaissance de sœur Joleen. Elle vient de Patna et elle a vu le Maître. Elle a...

Remo ferma la porte. L'homme en rose s'assit derrière le bureau et désigna aimablement à Remo et à Chiun deux fauteuils de cuir souple en face de lui.

– Soyez les bienvenus dans notre maison. Je suis Gasphali Krishna, archiprêtre en chef du district de Californie.

– Où est le Maître? demanda Remo.

Krishna fit un geste d'ignorance.

– Tout est prêt pour le recevoir ici. Un appartement a été préparé. Même les jeux électroniques pour son amusement.

– Oui, mais où est-il?

– Nous ne nous sommes pas présentés. Êtes-vous des disciples?

– Il est un disciple, répondit Chiun. Je suis *moi.*

– Et qui est *moi*?

– Moi est une personne trompée par des promesses rompues par des racistes sans cœur.

– Chiun, je vous en prie.

– C'est vrai. C'est vrai. Raconte-lui l'histoire et demande-lui si ce n'est pas vrai.

– Ce qui est vrai, c'est que nous sommes ici pour nous assurer que tout est bien en ordre pour la grande chose du Maître, dit Remo à Krishna. Nous sommes venus de Patna pour cela.

Chiun rit tout bas.

– Le Maître, railla-t-il.

– On nous a dit de préparer sa venue, répondit Krishna, mais il est peut-être descendu ailleurs.

– Dans un zoo. Avec tous les crapauds, marmonna Chiun.

– Chiun, vous ne voudriez pas sortir et aller parler aux filles? Allez donc leur expliquer que le Maître est merveilleux, conseilla Remo.

Ainsi il advint que le Maître de Sinanju sortit du

bureau où Remo et un faux Indien débitaient des âneries, pour aller s'adresser aux jeunes femmes rassemblées, pour leur dire la vérité absolue, du moment que personne ne devenait trop spécifique sur l'identité de la personne dont il parlait.

– Que pensez-vous du Maître?

– Il est l'être le plus noble, le plus chaleureux, le plus bienveillant du monde, répondit le Maître de Sinanju.

– Est-il la perfection même?

– Certains hommes approchent de la perfection; il l'a atteinte et l'a dépassée.

– Quelle est sa leçon?

– Faites le bien, aimez la justice, pratiquez la miséricorde et tout ira bien pour vous, déclara le Maître de Sinanju.

– Comment pouvons-nous approcher de la perfection?

– En écoutant sa parole et en lui obéissant, répliqua le Maître de Sinanju. Ceci est une perle de vérité que je vous offre.

– Venez, venez toutes écouter le sage. Venez apprendre la sagesse de l'Orient qui a reconnu la béatitude et la perfection du Maître.

Ainsi se comporta le Maître de Sinanju, tandis qu'à côté, dans le petit bureau derrière la porte fermée, Remo et Krishna continuaient de discourir.

Une fois la porte fermée sur Chiun, Krishna avait ôté son turban rose, libérant une masse indocile de cheveux roux frisés.

– Ouf, ce truc est chiant, dit-il.

– C'est dur d'être responsable, dit Remo, compatissant.

– Nah, je ne suis responsable de rien. Ils me collent simplement un titre, et vingt pour cent de tout ce que je rapporte. Comme qui dirait que je suis représentant en béatitude. Hé, dites, c'est d'où cet accent?

– Newark, New Jersey, répondit Remo, irrité parce qu'il était censé n'avoir plus d'accent.

– Touchez la patte, mon vieux, dit Krishna. Je suis de Hoboken. Newark a changé.

– Hoboken aussi, dit Remo tandis que Krishna lui serrait la main et la pompait de haut en bas.

– Comment est-ce que vous êtes entré dans cette combine? demanda Krishna.

– Comme ça, un peu par hasard. Et vous?

– Ma foi, la révolution, mec, c'était râpé, ils commençaient à riposter. Et je n'avais pas grand-chose à foutre de cette connerie de Tiers Monde. Enfin quoi, on pourrait peut-être en faire quelque chose si on voulait, mais y a trop de mauvais éléments. Et puis ce truc s'est présenté il y a deux ans. Alors je me suis engagé. Dor n'était pas si important, ils avaient besoin d'organisateurs professionnels. Alors le vieux Irving Rosenblatt a sauté sur l'occasion. Mais c'est comme pour tout. Ça prend de l'expansion, et ils collent leurs copains aux meilleures places. Dites, vous buvez quelque chose?

Remo secoua la tête.

– De l'herbe ou autre chose? J'ai de la merde super qui vient de Hawaii.

– Non, merci, je lève un peu le pied.

– Bon, la seule chose que je déteste plus que de boire seul, c'est de ne pas boire du tout.

Il alla ouvrir un petit cabinet, prit une bouteille derrière une rangée de livres et se servit un plein verre de scotch. Chivas Regal. Il sourit à Remo.

– Quand les ploucs payent, voyagez en première.

– Tout est prêt pour le grand truc? demanda Remo.

– Allez savoir. C'est pour ça que je râle. Ils me font patron ici, et je touche vingt pour cent, je ne me plains pas vu que c'est pas mal du tout. Mais maintenant nous avons ce grand ramdam de béatitude et vous croyez qu'ils me laisseraient le diriger? Pensez-vous, ils font venir toutes ces huiles de partout et j'ai même pas le droit de regarder, grogna Krishna-Rosenblatt en avalant rageusement un grand coup de whisky. Je sais ce qui va se passer. Ils vont me raconter que le revenu du rassemblement, mec, ça fait pas partie des recettes de San Francisco, et ils vont essayer de me blouser de mes vingt pour cent.

– C'est moche, ça, reconnut Remo. Vous voulez dire que vous n'avez même pas participé au projet?

– Rien, pas un pet de lapin. Dites-moi. Qu'est-ce qui va se passer? J'entends tout le temps parler de quelque chose de gros.

Remo fit un geste vague et essaya, sans trop de difficulté, d'avoir l'air navré.

– Les ordres, mon vieux. Vous savez ce que c'est.

– Ouais, probable. Mais ne vous en faites pas. La mission de San Francisco sera là dans toute sa gloire pour acclamer le bon vieux Bienheureux.

– Vous pensez toujours que le swami va venir ici? demanda Remo.

– Le swami! Elle est bien bonne. J'en sais rien.

Mais nous avons installé sa machine à ping-pong, au cas où il viendrait.

– Au fait, je tiens à vous féliciter. Vous maintenez une stricte discipline, bonne sécurité. C'était très bien avec les filles, là dans la cour. Avec ce barbu blond.

– Ouais. Vous savez, les nanas sont toujours les meilleurs combattants de la liberté. Ça doit être dégueulasse d'être une femme.

– Ah?

– Ouais. Autrement, pourquoi est-ce qu'elles cavaleraient tout le temps après des conneries? En cherchant un truc secret ou un moyen spécial de tout rendre parfait. Quelle façon de vivre!

Remo hocha la tête.

– Je vois que vous portez la marque d'argent. Vous êtes allé à Patna, mais vous n'avez pas l'air d'avoir perdu la tête.

Krishna vida son verre et s'en servit un autre.

– Ma foi, comme on dit, on ne peut pas salir un merdeux. La combine de Dor est la plus vieille du monde. Un peu de drogue, beaucoup de sexe et plus encore de ce qui fait plaisir. Vous voulez descendre votre mère? Allez-y, c'est le chemin de la béatitude. Vous voulez voler votre patron ou escroquer les actionnaires? Faut faire ça si vous voulez atteindre la béatitude.

– Et vous?

– Quand je suis allé à Patna, j'avais une assez bonne idée de ce qui m'attendait. Et il ne m'a pas eu. J'avais tâté de la drogue, j'avais eu assez de filles, et il n'a pas pu m'impressionner avec ça. Bien dans ma peau? Mec, je suis toujours bien dans ma peau. Enfin, bref, j'ai fait semblant, j'ai joué le jeu comme tout le monde et me voilà, archiprêtre en chef. Et je crois qu'ils vont essayer de me bigorner de mes vingt pour cent. Je ne leur conseille pas. Parce que s'ils essayent, mec, je me lance dans la méditation transcendentale.

Remo se leva.

– Pour ce que ça vaut, je ferai un bon rapport sur la sécurité ici. Vous dirigez une bonne opération.

– Merci. Vous avez un endroit où crécher, tous les deux?

– Non.

– Eh bien, restez ici. Y a toute la place qu'on veut en haut. Dans le temps, cette boîte était un bordel.

– Bonne idée. Comme ça nous serons près de tout. Surtout si Bienheureux rapplique. Dites-moi, comment est-ce que vous réussissez à avoir la peau de cette couleur?

– Lotion à bronzer sans soleil, répondit Krishna qui avait posé son verre et s'efforçait de fourrer tous ses cheveux sous le turban rose. Vous savez, ce truc chimique. En mettant beaucoup, c'est la couleur indienne parfaite. Le seul ennui, c'est quand je vais à Malibu pour le week-end, mec, j'ai l'air d'avoir la jaunisse.

Le téléphone sonna. Krishna s'éclaircit la gorge et répondit avec un faux accent indien :

– Mission de la Divine Béatitude, Krishna peut-il vous apporter le bonheur?

Il écouta un moment et sifflota.

– Oh merde, sans blague? Merci d'avoir appelé.

Il raccrocha et sourit à Remo.

– Bon Dieu, je suis content que vous soyez là.

– Pourquoi?

– On a entendu une rumeur la semaine dernière, comme quoi il y aurait eu des ennuis à la mission de San Diego. Mais tout le monde restait bouche cousue. Et je viens juste de l'apprendre. L'archiprêtre, là-bas, Freddy, il y est passé. Quelqu'un lui a bousillé la nuque.

– Qui ça? demanda négligemment Remo.

– On ne sait pas encore. Ils se sont tous taillés, là-bas, pour ne pas avoir d'histoires avec les flics.

– Vous croyez que ça pourrait être une tentative contre le Maharaji?

– Allez savoir. Mais moi je vous le dis, je suis content de vous avoir ici. J'ai pas besoin de cinglés qui viennent me tuer mes gens.

– Ne vous inquiétez pas, assura Remo. Nous vous protégerons.

## CHAPITRE XI

– Il est quoi, Elton?

– Indien.

– Arrête, Elton, y a plus d'Indiens dans ce pays.

– C'est pas ce genre d'Indien. C'est un genre d'Indien d'Inde.

Elton Snowy se pencha sur le comptoir de bois brûlé par les cigarettes et chuchota à l'oreille rubiconde du barman :

– Comme un négro, il est.

– Oh, merde! Avec votre Joleen?

La figure de crabe cuit du gros homme exprima l'incrédulité. Snowy hocha tristement la tête.

– La drogue. Il a dû la droguer. Et moi j'ai envoyé le pasteur nègre pour la ramener, et il n'est jamais revenu. Il doit être drogué aussi.

– Elton, je crois que les choses ont commencé à mal tourner quand ce mal blanchi a demandé cette tasse de café.

Snowy hocha la tête derechef, lentement, l'air songeur. Il regarda fixement le fond de son verre.

– Nous aurions dû l'abattre ce jour-là, dit le barman, et il s'approuva lui-même. Ouaip, c'est bien ce qu'on aurait dû faire ce jour-là, l'abattre.

Snowy, épuisé après une journée passée à cavaler pour recruter des guerriers volontaires et former une équipe destinée à sauver sa fille, répliqua vivement :

– Mais comment est-ce que ça ferait quelque chose à ce petit fumier de l'Inde?

– Ça lui donnerait une leçon. L'ennui, c'est qu'on a laissé tout le monde devenir arrogant. D'abord c'était les négros, et puis c'était les Portoricains, et puis il y a eu les vrais Indiens, et maintenant c'est ces drôles d'Indiens qui sont en réalités des négros. Tout le monde nous marche dessus. Vous allez voir, bientôt ça sera les catholiques qui deviendront arrogants par ici.

– Prions le bon Dieu qu'on n'en vienne jamais là!

– On ferait bien. Parce que s'ils viennent, les Juifs seront juste derrière eux.

L'horreur de cette perspective aggrava la soif de Snowy. Il vida son verre d'un trait et le reposa avec force sur le comptoir.

– Vous en voulez encore, Elton?

– Non. Ça suffit. Alors?

– Tout ce que vous voudrez. Je marche avec vous.

– Bien, dit Snowy. Fais ta valise. Nous partons ce soir.

– Qui ça, nous?

– Toi et moi et puis Fester et Puling.

– Hiiiaouh! dit le barman. Et on va tous à San Francisco?

– Ouaip.

– Ah dites donc, ça va être une sacrée nouba, hein? Et pas de femmes non plus. Yahou!

Il criait tant que les autres clients du bout du comptoir se tournèrent vers lui, alors il se rapprocha de Snowy et confia :

– Je ne peux pas attendre, Elton.

– Chez moi ce soir. A six heures.

# CHAPITRE XII

Hors de Frisco, vers l'ouest, vers le Japon qui s'est baptisé le pays du soleil levant mais qui est en réalité le pays du soleil couchant du point de vue américain – ce qui aurait pu servir d'indice pour l'issue de la Seconde Guerre mondiale – par le pont de Golden Gate curieusement rutilant en plein midi, avec les éternels ouvriers lui donnant sa dose quotidienne de vilaine peinture rouge, puis la route, le tunnel à la gueule ouverte peinte d'un arc-en-ciel, puis de nouveau la route sous le soleil.

Ferdinand De Chef conduisait avec une discipline aisée, l'esprit ailleurs, son corps parfaitement accordé et son instinct réagissant automatiquement au moindre virage, comparant la masse de l'automobile à la force centrifuge équilibrées par le coefficient de la friction des pneus, tout cela sans réflexion, uniquement par le bout des doigts, les mains reliées aux bras, reliées à la moelle épinière et au cerveau.

Ferdinand de Chef Hunt n'avait jamais été de ce côté de San Francisco. Il avait visité la ville, des années auparavant, en voyage d'affaires, mais n'avait eu aucune envie de voir la campagne environnante.

Hunt avait connu très tôt sa faculté de manipuler les objets et, pour lui, les lieux n'étaient que des objets, en plus gros. Il n'était pas curieux; les endroits qu'il n'avait jamais vus lui étaient indifférents.

Encore un tunnel. Sur la paroi rocheuse au-dessus, de la peinture blanche avait été badigeonnée, une gigantesque tentative à la Tom Sawyer pour repeindre non pas une clôture mais le monde entier. L'œil aigu de Hunt détecta un contour sous la peinture. Il ralentit. Oui, c'était une silhouette de femme. Une femme nue. De quinze mètres de haut. Déjà la peinture blanche s'écaillait et les contours voluptueux de la femme ressortaient, une femme très sexy.

Hunt donnait encore quinze jours à la peinture blanche pour que les éléments la rendent presque parfaitement transparente et il espéra qu'il serait encore dans la région parce qu'il avait envie de voir cette femme nue. Il devinait, à la dureté du trait soulignant les rondeurs, que l'artiste était une femme. Les hommes les peignaient avec toutes sortes de courbes douces, des courbes que les femmes n'ont jamais eues, mais la plupart des hommes n'en savent rien parce qu'ils ont peur de regarder une femme. Il fallait être femme pour bien voir la femme et connaître toute la dureté qu'elle dissimule, et donc celle-ci était bien l'œuvre d'une femme.

La découverte de la peinture camouflée fit la joie de Hunt. C'était comme un de ces menus détails que l'on trouve parfois dans un coin d'une toile de Jérôme Bosch, un de ces détails qui vous échappent les cent premières fois où l'on examine le tableau et qui vous sautent aux yeux à la cent-unième, qui vous font pousser un petit cri de surprise et l'on se moque de ne pas être le premier à le découvrir sans doute. Pour vous, c'est votre propre découverte, réelle, personnelle et immédiate. Cela fait de vous un Christophe Colomb, et ce fut ce que Hunt éprouva en appuyant sur l'accélérateur.

Plus loin encore, il quitta l'autoroute pour plonger vers les villages artistico-artisanaux forcenés qui, selon les amoureux de l'art, donnent mauvaise réputation au nord de la baie de S.F. Et puis il escalada une côte, la descendit sur l'autre versant en pente pour, en un éclair, passer de la verte campagne dans des faubourgs qu'on aurait pu déménager et replacer n'importe où aux Etats-Unis. Enfin, il aboutit dans le centre d'une ville qui était un parfait décor de western.

Mill Valley. Au cœur du gros bourg, il passa devant un magasin de bois moderne. Arrêté à un feu rouge, il contempla un vieux pub au coin de la rue. Trois motos étaient garées devant, avec des autocollants proclamant que Jésus Sauve, et Jésus devait rapporter car les machines étaient des Harley Davidson fantaisie qui valaient bien trois mille dollars chacune.

Encore un carrefour, et Hunt tourna à gauche pour pousser sa vieille MG 1952 le long d'une côte qui lui fit l'effet qu'il remontait sur le dos d'un serpent géant lové sur la chaussée pour y mourir. Il atteignit ainsi un portail caché, faillit le dépasser, passa en seconde, donna un brusque coup de volant sur la droite qui fit déraper l'arrière tandis qu'il freinait pile; il coupa le contact et leva le pied du frein au moment où la voiture pointait son capot dans l'allée. Elle fila sur son élan mais ralentit sous son propre poids, et Hunt croisa les bras, la laissant rouler; il ne fut pas du tout surpris quand elle s'arrêta à deux centimètres d'une porte de garage fermée.

Contrairement à l'Amérique civilisée où le garage est contigu à la maison ou tout près, celui-là surplombait une falaise. Hunt vit des marches sur le côté, qui descendaient.

Alors qu'il y mettait le pied, il fut accueilli par quatre hommes, de grands costauds à la figure basanée inscrutable, en longue robe rose. Les bras croisés, ils le dévisagèrent.

– Je suis Ferdi...

– Nous savons qui vous êtes, dit un des hommes. Veuillez nous suivre.

En bas, à deux étages au-dessous du garage, la maison se nichait sur un éperon rocheux, un bâtiment bas en cèdre gris entouré de fenêtres sur tous les côtés.

Sans un mot, Hunt fut introduit dans la maison et conduit à une petite pièce rose au premier étage. La pièce résonnait de « pings ». Il fut poussé à l'intérieur et vit devant lui le dos d'un grand meuble métallique posé au milieu. De chaque côté dépassaient de courtes bottes d'équitation anglaises et le bas d'un jodhpur écossais.

– Il est là, Maître Bienheureux, dit une voix derrière lui.

– Foutez-moi le camp, bon Dieu, grogna une voix derrière l'appareil.

Hunt se retrouva seul. Il sentit la porte se refermer derrière lui. Il entendit une nouvelle série de ping, ping, ping, ping, puis :

– Ah, merde!

Une figure ronde apparut au coin de l'appareil.

– Ainsi, c'est vous le liquideur.

– Je suis Ferdinand De Chef Hunt, répondit Hunt qui ne savait pas ce qu'était un liquideur et qui ignorait ce qu'il faisait là sinon que les deux P.-D.G. de sa firme lui avaient accordé un congé payé et offert un voyage à San Francisco.

– Vous êtes aussi bon que le prétendent ces deux zigotos de Wall Street?

Hunt, qui n'en savait rien, fit un geste vague.

Le Maharaji Gupta Mahesh Dor se leva derrière l'appareil. Il se tenait assis sur un haut tabouret de bar et, debout, il était toujours moins grand que l'appareil. Il portait un jodhpur écossais marron, rouge et blanc, des bottes marron foncé et un tee-shirt beige orné de trois singes – n'entend pas le mal, ne voit pas le mal, ne parle pas du mal – moulant un torse mou, presque féminin.

– Trouvez-vous un tabouret, dit-il. Vous savez ce que je veux?

– Je ne sais même pas qui vous êtes, dit Hunt en s'approchant du tabouret de bar capitonné de cuir noir, frère jumeau de celui de Dor.

– Vous avez un nom, à part Hunt?

– Ferdinand De Chef Hunt.

– O.K. Ferdinand, alors. Vous pouvez m'appeler Maharaji ou Maître Bienheureux ou Dieu, comme vous voudrez, grommela Dor, et il examina Hunt avec soin. Y a du pétard au paradis, mec.

– Il y a toujours du pétard au paradis, dit Hunt.

– Je suis bien content que vous sachiez ça. Alors vous comprendrez pourquoi j'ai besoin d'un ange vengeur. C'est les séraphins ou les chérubins? J'ai jamais pu me fourrer ça dans la tête. La théologie, c'est pas mon fort; mon truc c'est l'administration commerciale. Enfin bref, Ferdinand...

Tout en parlant, Dor se retourna vers son appareil de ping-pong électronique, appuya sur un bouton rouge, et un point blanc apparut dans un coin de l'écran et le traversa lentement. Dor posa une main sur un gros bouton à droite, l'autre sur un gros bouton à gauche et, un œil en coulisse sur la machine, il intercepta le point mobile en tournant le bouton et en déplaçant une petite ligne verticale. Le point parut rebondir contre le trait pour retourner de l'autre côté de l'écran. Hunt observait, fasciné.

Dor continua de parler, en n'accordant qu'une attention distraite à son jeu.

– Alors j'ai un gros numéro à faire ici mardi soir, et deux types me marchent sur les pieds. Ils sont allés à ma boîte de Patna, c'est notre Pentagone en Inde, et ils ont foutu la merde dans la troupe. Ils ont flanqué la trouille à certains de mes gardes du corps qui ont foutu le camp et ils ont enlevé une de mes filles.

– Qui sont-ils? questionna Hunt en se demandant pourquoi il avait été envoyé là.

– J'y viens. (Ping, pong, ping.) Y a une huitaine de jours, un de mes dissidents a été tué. Et puis un de mes fidèles a été tué. Et encore un autre. Là, en plein U.S. of A., ce qui est chiant, mec. (Pong, ping, pong.) Bref, ces mecs ont été tués la nuque fracassée et tous les vieux cons de ma suite pleurnichent et gémissent et parlent d'une malédiction.

Ping. Pong. Ping.

– C'est deux gars qui font ça, et j'ai dans l'idée qu'ils sont par ici. C'est pour ça que je me cache là dans la montagne au lieu d'être en ville.

– Mais que voulez-vous de moi?

– Je ne veux pas que ces deux-là foutent en l'air mon numéro au Stade Kezar, mec. C'est le grand lancement de mon opération américaine, et je n'ai pas besoin qu'on vienne me la casser.

– Que voulez-vous que je fasse? demanda Hunt.

Dor pivota sur le tabouret. Ses mains lâchèrent les boutons, et une brève sonnerie retentit quand le point frappa sans interception le côté opposé de l'écran et ouvrit la marque. Un voyant s'alluma au sommet de l'appareil : 1 à 0. Dor dévisagea Hunt.

– Je ne veux pas que vous alliez leur cuire un œuf, duflan. Je veux que vous les effaciez.

Hunt considéra de nouveau l'appareil où le point blanc reparaissait pour passer de droite à gauche. Sans être intercepté, il disparut à gauche de l'écran. La sonnerie tinta. La marque passa à 2-0. Hunt sentait la chaleur de l'appareil.

– Les effacer? dit-il.

– Ouais. Poinçonner leurs tickets.

– Poinçonner leurs tickets?

– Bon sang de Dieu, vous êtes stupide ou quoi? Les tuer, ducon!

Hunt sourit. Ainsi, c'était ça, un liquideur. Sous ses yeux, la marque de la machine abandonnée passa à 3-0, 4-0, 5-0.

– Mais quel genre de tueur vous êtes, à la fin? demanda Dor. Y a combien d'encoches à votre calibre?

– Vous entendez par là, je présume, combien d'hommes j'ai tués?

– Tout juste, Ferdy. Combien?

– Aucun.

Dor regarda Hunt avec une irritation visible.

– Une seconde, une seconde. Qu'est-ce que ça signifie, ces conneries?

Hunt écarta les mains.

– Nom de Dieu, je demande un tueur et je tombe sur un gentilhomme du Sud qui reste assis là comme une bûche et qui fait des mines. Qu'est-ce qui se passe ici?

– Je peux les tuer, dit Hunt, et il fut surpris d'entendre sa voix dire cela.

– Mais oui, pépère, mais oui. J'avais quatre-vingt-dix-huit gardes du corps à Patna, une force de sécurité intérieure plus forte encore que celle du vieux blanchouillard à Rome et vous savez où ils sont? Tous les quatre-vingt-dix-huit? Ils sont repartis dans leurs montagnes en pissant dans leur froc, tout ça à cause de ces deux emmerdeurs. Et vous allez vous les faire? Ha!

Ping, pong, ping. La marque était de 11 à 0 et les traits verticaux disparurent. La partie était terminée, et le point blanc se mit à se déplacer au hasard en perdant toute l'intensité du jeu.

– Je peux les tuer, répéta Hunt, calmement, et cette fois cela lui parut plus naturel, comme si c'était une chose qu'il aurait dû répondre toute sa vie.

Dor se retourna vers l'appareil, en agitant vers Hunt une main méprisante, un geste qui semblait dire ça va, filez, tirez-vous de là, pauvre pomme.

Hunt resta assis et regarda Dor jouer avec un grand sérieux, tournant à la fois les deux boutons, jouant les deux côtés. La marque oscillait, 1-0, 1-1,

2-1, 3-1. Chaque point était long à jouer, et Hunt avait le temps de réfléchir. Pourquoi pas? Sa famille avait fait ça pendant des siècles. Les deux agents de change, Dalton et Harrow, lui avaient promis qu'il deviendrait très riche. Et pourquoi pas? Pourquoi pas? A ce moment, Ferdinand De Chef Hunt regagna le sein ancestral de sa famille et décida de devenir tueur à gages. Et maintenant, bon Dieu, il n'allait pas en être dissuadé par ce petit goret adipeux.

– Quel est ce jeu? demanda-t-il.

– Ping-pong électronique. Vous y avez déjà joué?

– Non, mais je peux vous battre.

Dor ricana.

– Vous ne pourriez pas me battre si j'avais les yeux bandés, déclara-t-il.

– Je pourrais vous battre avec les yeux bandés, moi.

– Foutez le camp, vous voulez?

– Je vous fais une partie, proposa Hunt.

– De l'air.

– Ma vie contre le boulot. La partie en décidera.

Dor tourna la tête et examina Hunt, qui se leva et s'approcha de l'appareil.

– Vous parlez sérieusement, on dirait?

– C'est ma vie. Je ne joue pas avec.

Dor frappa dans ses mains. La balle allait à droite et à gauche sur l'écran, marquant des points pour le service.

La porte s'ouvrit, et les quatre hommes qui avaient escorté Hunt apparurent sur le seuil.

– Nous allons jouer au ping-pong, leur dit le

Maharaji. S'il perd, vous le butez. D'accord? demanda-t-il à Hunt.

– Naturellement. Mais si je gagne?

– Alors on causera tous les deux.

– Nous causerons de quelque chose comme six chiffres?

– Oui, mais ne vous en souciez pas trop. Dans trois minutes, vous serez parmi les chers disparus.

Dor avança la main vers le bouton rouge pour annuler la partie et en commencer une autre.

– Ne faites pas ça, dit Hunt.

– Quoi?

– Cette partie va très bien.

– Je le savais. Je le savais. Je savais qu'il y avait un truc. Vous voulez que je vous rende des points. Eh bien, je ne rends sept points à personne. C'est huit contre un, neuf contre un, déjà.

– Je prends un point seulement. Jouez.

Hunt prit le bouton contrôlant le trait vertical de gauche. La balle rebondit doucement vers lui, du côté inférieur droit de l'écran.

– A votre santé, dit le Maharaji. Et c'est le mot juste.

Hunt tourna lentement le bouton. Le trait remonta. Il inversa le mouvement, et le trait descendit. Il ignora la petite boule blanche, qui s'en alla tranquillement vers l'autre côté.

– Dix contre un, dit Dor. Plus qu'un point.

– Vous ne le marquerez jamais, répliqua Hunt.

Il caressa du creux de la main le plastique noir, ses doigts trouvèrent facilement leur place dans les cannelures du rebord, comme si le bouton avait été conçu exprès pour sa main. Il pouvait sentir la vitesse de la ligne verticale, son mouvement, la torsion nécessaire pour la faire monter ou descendre. Sans réfléchir, sans penser, son cerveau divorcé de ce qu'il faisait, Hunt savait tout cela. Le prochain service vint du côté de Dor, visant le bas de l'écran. Dor sourit. Hunt abaissa lentement son trait vertical et quand le point rebondit vers le haut sa raquette l'intercepta et le renvoya tout droit en travers du bas de l'écran. Dor baissa sa ligne directement devant le point et le laissa repartir, le long de sa trajectoire, vers Hunt.

Le trait vertical de Hunt n'avait pas bougé depuis qu'il avait renvoyé le service. Il restait dans la même position pour renvoyer la balle tout droit mais comme le point approchait de la raquette électronique, Hunt la déplaça, et le mouvement frappa le point, avec de l'effet, et l'envoya vers le haut de l'écran. Dor déplaça sa raquette pour l'intercepter tout au sommet, et son trait forma avec le bord un L à l'envers. Mais le point glissa par-dessus et la machine tinta.

– Dix à deux, annonça Hunt en souriant.

Il venait de s'apercevoir qu'il y avait un angle mort en haut de l'écran d'où une raquette ne pouvait renvoyer la balle. Il s'agissait maintenant de savoir s'il y en avait un en bas aussi.

Le service passa à Dor. La partie se poursuivit. Oui, il y avait aussi un angle mort au bas de l'écran. 10-3, 10-4, 10-5.

Dor jouait de plus en plus nerveusement, et injuriait le point dansant. Hunt ne disait rien, bougeait à peine, tournait lentement, presque distraitement, son bouton de commande.

Quand la marque atteignit 10-10, Dor abattit son

poing potelé sur l'appareil. Le voyant annonça TILT, et les raquettes électroniques disparurent.

– Ça va, dit-il aux quatre hommes sur le seuil. Ça va, foutez le camp.

Quand ils furent partis, Hunt dit tranquillement :

– C'était de la main droite. Je ne vous ai pas encore montré la main gauche.

– Pas la peine.

– Et de la main gauche les yeux bandés?

– On ne peut pas jouer à ça les yeux bandés. Comment voulez-vous jouer si vous ne voyez pas?

– On n'a pas besoin de voir, affirma Hunt. Vous n'avez pas remarqué? L'appareil fait un bruit différent quand la balle vient en bas ou en haut. On peut percevoir un petit sifflement qui vous dit si elle est rapide ou lente.

– Vous savez, grogna Dor, vous ne me plaisez pas beaucoup.

– Je pourrais vous battre par téléphone, dit Hunt.

Dor le considéra et vit de l'insolence étudiée dans les yeux de Hunt, une expression tout à fait différente de son air un peu égaré lors de son arrivée. Le Maharaji préféra ignorer le défi afin de s'assurer du concours de Hunt.

– Cent mille dollars, proposa-t-il. Vous les tuez tous les deux.

– Leurs noms?

– Tout ce que nous avons pu savoir, c'est Remo et Chiun. Ils sont probablement à San Francisco.

– Tant pis pour eux, rétorqua Hunt, et en disant cela il éprouva un grand plaisir.

## CHAPITRE XIII

Aujourd'hui, pensait Remo, Joleen était presque humaine.

Elle avait passé la soirée précédente sagement assise, écoutant de toutes ses oreilles la conférence de Chiun aux filles de la Mission de la Divine Béatitude de San Francisco; et puis, tard dans la nuit, elle avait essayé de rejoindre Chiun sur sa natte, dans la grande chambre qu'on avait réservée pour Remo et Chiun.

Mais Chiun l'avait renvoyée d'un geste méprisant, et elle était allée se glisser dans le lit de Remo; et comme il était fatigué et voulait dormir, il l'avait prise, uniquement pour ne pas avoir à l'entendre parler.

L'épisode dans le taxi avait affaibli sa folle adoration pour le Maharaji Gupta Mahesh Dor, et celui du lit avait dû la calmer encore, jugeait Remo, parce qu'aujourd'hui elle parlait comme un être humain normal et plus comme une bande enregistrée.

Chiun, de son côté, avait passé la matinée à se plaindre des insectes qui l'avaient tracassé toute la nuit alors qu'il s'efforçait de dormir. Remo avait répondu qu'ils ne l'avaient pas gêné; sur ce Chiun avait laissé entendre qu'ils ne tracassaient pas leurs semblables.

Maintenant ils étaient assis à l'avant d'une voiture de location, Joleen en sandwich entre Remo et Chiun.

– Je ne comprends pas, dit-elle.

– Oyez, oyez, dit Remo.

– Si vous êtes un Maître, reprit-elle, alors qu'est-ce que le Maharaji?

– Pour les petites gens, il y a de petites choses, répondit Chiun. Pour les grands, il y a de grandes choses. Même chose pour les maîtres.

Joleen ne dit rien. Elle pinça les lèvres et réfléchit. Chiun se pencha pour regarder Remo.

– Où allons-nous? demanda-t-il. Je ne savais pas qu'on pouvait aller à Sinanju en automobile.

– Nous n'allons pas à Sinanju. Maintenant ça suffit.

– Je pense que celui-là est cruel, dit Joleen à Chiun, en désignant Remo du menton.

– Ah, comme vous le connaissez bien. Tu vois, Remo. Elle te connaît. Cruel.

– N'oubliez pas arrogant.

– Oui, mon enfant, dit Chiun à Joleen. N'oubliez pas arrogant. Ni, tant que nous y sommes, paresseux, négligent, incapable et stupide.

– Pourtant, il est votre disciple.

– Faire de la beauté avec un diamant est donné à beaucoup d'hommes, pontifia Chiun. Mais faire de la beauté d'un pâle morceau d'oreille de cochon, c'est autre chose. Il faut le talent d'un maître. J'essaye encore de lui donner un aspect humain. La beauté viendra plus tard.

Chiun croisa les bras.

– Pourriez-vous faire de la beauté avec moi? demanda Joleen.

– Plus facilement qu'avec lui. Vous n'avez pas ses mauvaises habitudes. Il est raciste.

– Je déteste les racistes. Mon père est raciste.

– Demandez au raciste où nous allons.

– Où allons-nous?

– Respirer un peu d'air frais. Tout cet encens et ces salamalecs me donnent le bourdon.

– Voyez. Ingrat, aussi, confia Chiun. Les gens lui ouvrent généreusement leur porte, et il méprise leurs dons et leur hospitalité. Quel Américain! S'il vous dit qu'il va vous ramener à Patna, ne le croyez pas. Les Blancs ne tiennent jamais les promesses faites aux autres.

– Hé, Chiun, elle est aussi blanche que moi. Elle est de Georgie, quoi!

– Je ne crois pas que je veuille retourner à Patna, déclara soudain Joleen.

– Tu vois, dit Chiun. Elle n'est pas comme toi. Déjà, elle grandit en sagesse alors que tu as appris moins que rien dans la dernière décennie de ta vie.

Remo arrêta la voiture contre le trottoir.

– C'est bon, tout le monde descend. Nous allons faire un tour à pied.

– Vous voyez, dit Chiun, il nous donne des ordres. Ah, perfidie!

Il descendit sur le trottoir et regarda autour de lui.

– Est-ce que c'est Disneyland? demanda-t-il.

Remo, surpris, regarda aussi. Une petite fête foraine organisée au bénéfice de la paroisse catholique de Saint-Éloi s'était installée sur un parking, à une cinquantaine de mètres.

– Oui, répondit Remo, c'est Disneyland.

– Je te pardonne ton racisme, Remo. J'ai toujours rêvé de visiter Disneyland. Oubliez tout ce que j'ai dit, mon enfant. Celui qui amène le Maître à Disneyland ne peut être entièrement mauvais.

– Mais..., voulut dire Joleen, et Remo la prit par le bras et l'entraîna.

– Tais-toi, petite, chuchota-t-il. Profite de Disneyland.

Il lui serra le bras. Elle comprit.

Cependant, le corps de Chiun montait et descendait comme s'il sautait de joie, tout en gardant les pieds fermement plantés sur le trottoir. Sa longue robe safran avait l'air d'une taie d'oreiller dans laquelle on insufflerait de l'air par jets, la faisant s'élever, se dégonfler, se regonfler.

– J'adore Disneyland, dit-il. J'ai droit à combien d'attractions?

– Quatre, dit Remo.

– Six.

– Cinq.

– D'accord. Tu as de l'argent?

– Oui.

– Tu en as assez?

– Oui.

– Pour elle aussi?

– Oui, assura Remo.

– Venez, mon enfant. Remo nous emmène à Disneyland.

– Mais d'abord, je dois donner un coup de téléphone.

Ferdinand De Chef Hunt roula sans se presser

vers San Francisco. La ville le déroutait, avec son dédale de rues qui semblaient aller de colline en colline et puis disparaissaient.

Avec du secours, il trouva Union Street et, avec encore de l'aide, le bâtiment abritant la Mission de la Divine Béatitude de San Francisco. Si ses deux cibles, ce Remo et ce Chiun, cherchaient Dor dans S.F., ils avaient dû passer par la mission.

Ils y étaient passés.

– Ils étaient ici, ils étaient ici, dit l'archiprêtre Krishna. Il avait un insigne.

– Où sont-ils maintenant?

– Ils viennent de téléphoner. Ils sont dans une fête foraine près de Fisherman's Wharf, sur le port.

– Est-ce qu'ils savent où est Dor?

– Comment est-ce qu'ils le sauraient? Je n'en sais rien moi-même.

– Si jamais ils reviennent ce soir, ne leur dites pas que vous m'avez vu. Mais, avec un peu de chance, ils ne reviendront pas.

– Vous avez le droit de me donner des ordres?

Hunt tira de son portefeuille une feuille de papier. Krishna la déplia et lut le message manuscrit de Dor, présentant Hunt comme son principal émissaire.

– Lourd, mec, dit Krishna en rendant le mot. Vous l'avez vu, *lui*?

– Oui.

– Louée soit sa Bienheureuse Perfection.

– Oui, bien sûr. Quand sont-ils partis?

– Il y a une heure. Si vous revoyez le Maître Bienheureux, dites-lui que notre mission attend joyeusement sa présence dans notre ville.

– C'est ça. Il sera très impressionné.

Hunt descendit du haut perron de la maison. Dans une voiture garée de l'autre côté de la rue, Elton Snowy l'observa attentivement.

– Qu'est-ce que t'en penses, Elton? demanda un des deux hommes assis à l'arrière.

– Je ne sais pas, Puling, mais je crois que nous devrions le suivre.

Hunt monta dans sa vieille MG et démarra en souplesse.

– Bon, alors suivons-le, dit Puling. Si nous voyons qu'il n'est rien, cette bicoque sera toujours là.

– Allons-y, dit Snowy en démarrant.

– Suivez cette voiture! pouffa Puling, et l'homme à côté de lui poussa un cri de guerre sudiste.

– On va régler son compte à ce kidnappeur, s'exclama l'homme à côté de Snowy.

Snowy soupira et continua de conduire.

Hunt vit la grosse voiture noire derrière lui mais n'y attacha aucune importance. Son esprit était occupé par ce qu'il allait faire et il était parcouru d'agréables petits frissons de joie anticipée. Il allait à une fête foraine pour faire ce que sa famille avait si bien fait pendant des années et attendait impatiemment ce moment. Il lui semblait que toute sa vie l'y avait destiné.

– Je veux aller sur les bateaux.

– Vous ne pouvez pas aller sur les bateaux. C'est un manège d'enfants.

– Dis-moi où c'est écrit, dit Chiun. Montre-moi où c'est écrit.

– Là, dit Remo en désignant une pancarte. Bébéville. Vous savez ce que ça veut dire?

– Je ne crois pas que ça veuille dire que je n'ai pas le droit de monter dans un des bateaux.

– Vous n'avez pas peur de vous sentir tout bête? demanda Remo.

Il regarda les quatre bateaux, longs comme des baignoires, dans un canal circulaire de cinquante centimètres de large et contenant quinze centimètres d'eau. Les bateaux étaient reliés par des tiges de fer au moteur au centre du bassin. Un forain en tee-shirt sale et déchiré avec un bracelet de cuir autour de son poignet droit actionnait le moteur de l'entrée, à un mètre cinquante du manège, où il était aussi marchand de billets.

– Seul un imbécile se sent bête, rétorqua Chiun, et seul un double imbécile s'en soucie. Je veux monter dans les bateaux. Mon enfant, dit-il à Joleen, dites-lui que je peux monter dans les bateaux. Vous êtes blancs tous les deux, vous pourrez peut-être lui faire comprendre.

– Remo, laisse le Maître monter dans les bateaux.

– Il ne veut pas dépenser les vingt-cinq *cents*, dit Chiun. Je l'ai parfois vu gaspiller des dollars entiers d'un coup, et il me refuse vingt-cinq *cents*.

– Bon, bon, bon, ça va, dit Remo. Mais nous avons dit cinq attractions. C'est votre quatrième.

– Remo, je te dis la pure vérité. Si tu me laisses monter dans un bateau, je ne réclamerai même pas la cinquième.

– D'accord.

Remo s'approcha du vendeur de billets et tira un quart de dollar de sa poche.

– Une place.

L'homme lui adressa un sourire à moitié édenté.

– Vous êtes sûr que ça sera pas trop rapide pour vous?

– Ce n'est pas pour moi, mon joli. Alors donnez le billet avant que je dise à la police de treize États que je vous ai trouvé.

– Ça va, gros malin, grogna le forain en arrachant un billet d'une épaisse liasse et en prenant la pièce. Tenez.

– Et rendez-vous un autre service, dit Remo. Quand ce billet aura été utilisé, ne dites rien.

– Hein?

– Ne faites pas de réflexions et n'essayez pas de faire le mariole. Bouclez-la simplement, ça vaudra mieux pour vous.

– Vous ne me plaisez pas, vous savez. Je crois que j'aimerais bien vous casser la gueule.

– Je sais, mais vous avez peur que je sois parent de votre officier de parole. Alors faites ce que je dis. Pas de réflexions.

Remo s'éloigna et remit le billet à Chiun qui parut déçu.

– Rien pour elle?

– Elle a dit qu'elle n'en voulait pas.

– Vous ne voulez pas, mon enfant? N'ayez pas peur. Remo est très riche. Il a les moyens.

– Non, ça va comme ça.

Chiun hocha la tête et marcha vers le *Gondolo,* Remo à côté de lui.

– Je suis plutôt content qu'elle n'ait pas voulu venir, confia-t-il. Les femmes qui crient m'agacent.

Chiun tendit le billet au forain qui toisa le vieil Oriental frêle puis regarda Remo. Remo porta un index à ses lèvres, conseillant le silence.

– N'oubliez pas de boucler votre ceinture de

sécurité, *papasan,* dit l'homme. Faudrait pas tomber et vous noyer.

– Mais non, mais non, dit Chiun.

Il passa devant le vendeur de billets et fit le tour du canal peu profond. Il monta dans un bateau bleu, arrangea soigneusement sa robe autour de lui sur le petit banc, puis il descendit vivement et se dirigea vers un bateau rouge. Au même moment une petite fille de cinq ans s'y dirigeait aussi, toute souriante, ses longs cheveux blonds dansant sur ses épaules, sa courte robe suivant le mouvement tandis qu'elle sautait d'un pied sur l'autre. Chiun la vit venir et se mit à courir.

Ils atteignirent le bateau rouge en même temps.

Ils s'arrêtèrent tous les deux. Chiun montra le ciel.

– Regarde! Regarde! s'écria-t-il d'une voix stupéfaite. Regarde là-haut!

La petite fille leva le nez, Chiun bondit devant elle et sauta dans le bateau rouge. Quand la petite fille baissa les yeux, il était déjà installé. Sa figure se crispa et elle parut sur le point de pleurer.

– Le bateau bleu est plus joli, lui dit Chiun.

– Je veux monter dans le bateau rouge!

– Prends le bateau bleu.

– Mais je veux le rouge!

– Moi aussi, et je suis arrivé le premier. Va-t'en.

La petite fille tapa du pied.

– Descendez de mon bateau!

Chiun se croisa les bras.

– Essaye le bateau bleu.

– Non!

– Je ne vais pas te forcer à monter dans le bateau

bleu. Tu peux rester là debout toute ta vie si tu veux.

– Descendez de mon bateau! glapit la petite fille.

– Ouais, pépé, descendez de son bateau, intervint le forain.

Remo lui tapa sur l'épaule.

– Vous avez déjà oublié mon vieux. Vous vous souvenez de ce que j'ai dit? Bouche cousue. Et pas d'histoires.

– C'est mon manège. Il faut qu'il descende du bateau rouge.

– Vous allez lui dire ça?

– Et comment, que je m'en vais lui dire! gronda le forain en se levant.

– Où voulez-vous qu'on envoie vos restes? demanda Remo.

L'homme s'avança, alla se planter à côté de la petite fille et toisa Chiun.

– Sortez de ce bateau.

– Elle peut prendre le bleu, répondit Chiun, et vous pouvez monter dans le jaune.

– Elle montera dans le rouge.

Chiun se tourna de côté sur le banc pour ne pas avoir à regarder la figure de l'homme.

– Mettez ce manège en marche. J'ai assez attendu.

– Pas avant que vous sortiez de là.

– Remo, appela Chiun, fais-lui mettre le manège en marche.

Remo tourna le dos pour que personne ne pense qu'il était avec Chiun.

– Vous vous serrez toujours les coudes, les Blancs, grommela Chiun.

– Et pas de réflexions déplaisantes, dit le forain. Si ce pays ne vous plaît pas, vous n'avez qu'à retourner d'où vous venez.

Chiun soupira et tourna la tête.

– C'est un bon conseil. Pourquoi ne le suivez-vous pas ?

– C'est d'ici que je viens.

– Non, pas du tout. Est-ce que votre livre ne dit pas « De la poussière tu viens, tu retourneras à la poussière » ?

Remo entendit cela et se retourna juste à temps pour voir Chiun se lever dans le bateau, sa robe safran tournoyant autour de lui. Avant que Remo puisse esquisser un mouvement, le forain était à plat ventre sur l'avant du petit bateau, la figure sous l'eau.

– Chiun, ça suffit, dit Remo en se précipitant.

– C'est ça, prends son parti, dit Chiun tenant toujours sous l'eau la tête de l'homme qui se débattait.

– Lâche-le, Chiun !

– Non.

– Bon, très bien. Plus d'attractions.

Remo tourna le dos.

– Attends, Remo. Attends ! Tu vois. Je le lâche. Tu vois ? Il va bien. Tu vois ? Dites-lui que vous allez bien, dit Chiun en giflant le forain. Cessez de vous étrangler bêtement et dites-lui que vous allez bien.

L'homme se redressa, hoqueta et recula vivement de Chiun, tout à fait effrayé. Il regarda Remo qui fit un geste signifiant « Je vous l'avais bien dit ».

– Maintenant, je vous conseille de mettre le manège en marche.

Le forain retourna à sa chaise et abaissa un levier. Le moteur ronronna, et le bateau démarra. La petite fille poussa des cris de colère. Remo lui fourra un dollar dans la main.

– Tiens, va t'acheter un grand cornet de glace et tu pourras prendre le bateau rouge pour le prochain tour.

La gosse lui arracha le billet de la main et partit en courant. Le bateau de Chiun flotta lentement devant Remo.

– Je vois que tu t'es débarrassé de cette petite pleurnicharde. Bravo.

– Tâchez de faire durer le tour, dit Remo en passant devant le forain pour aller rejoindre Joleen.

Quand Ferdinand De Chef Hunt arriva à la fête foraine, il était sûr que la voiture noire le suivait. Alors il gara avec soin la MG devant un restaurant à cent mètres, plongea dans l'établissement, traversa la salle et ressortit de l'autre côté par la porte de service.

Il longea prudemment les jetées de bois et de béton sur une cinquantaine de mètres jusqu'à ce qu'il soit en face de la foire. Jetant un coup d'œil derrière lui, il ne vit personne et traversa tranquillement la chaussée.

Il s'agissait maintenant de trouver ces deux individus... Remo et Chiun.

Chiun se pencha sur la barrière de bois et fit soigneusement rouler une pièce de cinq *cents* du bout de ses doigts. Elle décrivit une trajectoire, se retourna une fois sur elle-même et alla tomber absolument à plat sur une petite estrade, au centre exact d'un des cent cercles rouges peints sur une grande nappe de linoléum blanc. Les cercles étaient à peine plus grands qu'une pièce de cinq *cents.* Le joueur gagnait un prix si elle ne mordait pas du tout sur le rouge.

– Encore gagné! annonça Chiun.

L'homme du stand leva les yeux au ciel comme pour implorer miséricorde.

– Cette fois, je veux le lapin rose, dit Chiun.

Derrière lui se tenaient Remo et Joleen, les bras chargés d'animaux en peluche, de poupées, de petits jouets. Remo tenait avec précaution la ficelle d'un petit bocal à poisson rouge, complet, avec son occupant.

Le forain prit un lapin de peluche rose sur l'étagère dans le fond du stand et le donna à Chiun.

– D'accord, voilà. Maintenant vous ne voulez pas aller jouer ailleurs?

– Non, parce que c'est à ça que je veux jouer.

– Ouais, mais vous m'emportez tout! Vous avez déjà gagné dix-neuf prix.

– Oui, et je vais en gagner encore.

– Que non, pas ici, déclara l'homme en élevant la voix.

Chiun parla par-dessus son épaule.

– Remo, parle-lui. Dis-lui que tu le dénonceras à Mr. Disney.

– Allons-nous-en, plutôt, dit Remo.

– Toi non plus, tu ne veux pas que je gagne. Tu es jaloux.

– C'est ça. Je suis jaloux. Toute ma vie, j'ai voulu avoir mon propre poisson rouge, trois canards jaunes en caoutchouc, sept chatons en peluche, un jeu de dames en plastique et deux brassées de frime.

Le forain regarda Remo, reconnaissant le mot frime, désignant ces prix de camelote dans le jargon de la foire. Il l'interrogea du regard. Remo hocha la tête et cligna de l'œil comme s'il partageait un secret. L'homme comprit. Remo était un arnaqueur qui s'apprêtait à plumer ce vieux pigeon jaune. Il répondit de même, l'air entendu.

– Bien sûr, pépé, dit-il. Allez-y, jouez.

– Regarde ça, Remo. Je vais le faire les yeux fermés, dit Chiun, et il ferma les paupières, fort. Tu regardes, Remo?

– Oui, petit père.

– Tu peux me voir?

– Oui. Vous avez les yeux fermés, pas moi.

– Bon. Alors regarde.

Chiun se pencha sur la barrière, les yeux bien fermés. Il chassa d'une chiquenaude la pièce de l'ongle de son pouce droit, très haut dans les airs, presque jusqu'à l'auvent de toile. La pièce tournoya rapidement, face, pile, face, fit un dernier tour et atterrit à plat, parfaitement au centre d'un cercle rouge. Chiun garda les yeux fermés.

– Je ne peux pas regarder. Je ne peux pas regarder. J'ai gagné, dis?

Remo désigna du menton la pièce. Le forain la fit légèrement glisser, à moitié sur le blanc.

– Non, vous avez perdu, dit Remo.

Chiun, stupéfait, ouvrit les yeux.

– Tu mens.

Il se pencha, regarda la pièce, moitié sur le rouge, moitié sur le blanc.

– Tu as triché, accusa Chiun.

– Le plus grave, dit Remo, c'est que vous devez rendre tous les prix.

– Jamais. Jamais je ne me séparerai de mon poisson rouge.

– Tout sauf le poisson rouge, dit Remo.

Il rendit au forain tous les prix que Joleen et lui tenaient. L'homme se hâta de les replacer sur l'étagère. Remo avait toujours le petit bocal.

– Tu as triché, répéta Chiun d'une voix étonnamment placide. Dis-moi la vérité. Tu as triché, n'est-ce pas?

– Oui.

– Pourquoi?

– Parce que nous n'avons que faire de toute cette camelote.

– Je suis d'accord. Tu auras peut-être besoin d'avoir les bras libres.

Chiun plissait les yeux et semblait humer l'air.

– Qu'est-ce qui ne va pas? demanda Remo.

– Rien, dit Chiun, rien encore. Ne lâche pas le poisson rouge.

Quand il vit le jeune Blanc tenant les prix et le vieil Oriental penché sur la barrière, Ferdinand De Chef Hunt comprit qu'il tenait ses cibles. Il éprouva une curieuse sensation dans la gorge, une boule qui ne voulait pas monter ni descendre. C'était nouveau. Il se demanda si c'était ce qu'avaient ressenti des générations de De Chef quand ils se livraient à leur coupable industrie.

Pendant qu'ils jouaient, Hunt s'arrêta devant le stand d'en face. Il paya un quart de dollar et on lui remit trois balles de base-ball. Il devait faire tomber six bouteilles de bois du haut d'un tonneau. Hunt recula et jeta la première balle d'un revers de main, par en dessous. Le forain sourit. Comme un pédé, pensa-t-il. La balle frappa la bouteille du bas, au centre, et les fit toutes tomber du tonneau. Un coup de chance, se dit l'homme.

Il cessa de sourire quand Hunt fit de même avec la deuxième balle. A ce moment, Hunt regarda un instant derrière lui et vit les deux cibles et la fille en sari rose qui s'éloignaient. Il lança la troisième balle au forain.

– Vos prix, dit l'homme.

– Gardez-les, répondit Hunt, et il se mit à suivre lentement le trio.

Il les laissa prendre vingt mètres d'avance. Ils étaient plongés dans leur conversation, et il savait qu'ils ne s'étaient pas aperçu qu'il les suivait.

La conversation était, du point de vue de Chiun, beaucoup plus importante.

– J'ai eu quatre attractions. Tu m'en as promis cinq.

– Vous avez dit que si je vous laissais monter dans le bateau, vous ne demanderiez pas la cinquième.

– Je ne me souviens pas d'avoir dit ça. Et je me rappelle tout ce que je dis. Pourquoi irais-je dire que je me contenterais de quatre attractions quand tu m'en as promis cinq? Dis-moi un peu pour quelle raison j'aurais dit ça?

– Je renonce, dit Remo.

– Bien. Voilà l'attraction où je veux aller, déclara

Chiun en montrant du doigt *Le Seau Volant*, et il se pencha vers Joleen. Vous pouvez monter avec moi. Remo paiera.

– Comme vous voudrez, grommela Remo en soupirant.

Chiun en tête, ils suivirent tous trois un étroit passage entre les stands, vers le *Seau Volant*, une sorte de grande roue où l'on était assis dans des seaux en plastique accrochés à une roue par deux câbles d'acier.

Quand ils tournèrent au coin d'une baraque, Hunt les perdit de vue. Il pressa le pas. Au même instant, il sentit une main sur son épaule. Il se retourna et vit une figure rouge de colère. Derrière elle, il y avait quatre autres figures, également rouges, également en colère.

– Le voilà, les gars, cria Elton Snowy. Voilà le kidnappeur. Où est ma fille?

Hunt reconnut le conducteur de la voiture noire qui l'avait suivi depuis la Mission de la Divine Béatitude. Il haussa les épaules.

– Je ne sais pas de quoi vous parlez. Vous devez vous tromper.

– Pas de ça, fiston, gronda Snowy.

Il empoigna fortement le bras de Hunt. Les trois autres l'entourèrent, le saisirent aussi et le poussèrent rapidement entre les tentes et les baraques, vers une petite esplanade au gazon pelé, curieusement calme et déserte bien qu'elle ne fût qu'à quelques mètres du centre de la foire.

– J'ignore tout de votre fille, monsieur, assura Hunt.

Il ne tenait pas à perdre trop de temps dans ce coin, il ne voulait pas perdre la trace de ses cibles.

– Eh, les gars, qu'est-ce que vous diriez de le passer un peu à tabac pour lui délier la langue? proposa Snowy.

Les quatre hommes se ruèrent sur Hunt et le poussèrent au sol sous leur masse réunie.

Il en avait deux sur les jambes et deux autres sur les bras qui l'enfonçaient dans la terre humide.

– Maintenant on fait parler le fumier, dit Snowy.

Les doigts de la main gauche de Hunt rampèrent et se refermèrent autour d'un des piquets de fer triangulaires servant à ancrer un câble de tente. Du bout des doigts il l'arracha du sol et le prit bien en main. Sa tête fut presque retournée par un aller retour violent.

– Parle, salaud de kidnappeur. Qu'est-ce que tu fichais à la Mission Béate? Où est ma petite fille?

La main droite de Hunt gratta le sol. Elle remonta avec une poignée de terre et un caillou gros comme un grain de raisin. Il sentit la terre glisser entre ses doigts.

– Vous faites erreur, je ne connais pas votre fille.

Snowy, qui tenait le bras gauche de Hunt tout en le giflant, lâcha le bras en poussant un cri de rage et agrippa des deux mains la gorge de Hunt pour lui arracher la vérité en l'étranglant.

Son bras libéré, Hunt fit voler le piquet de tente dans les airs, d'un simple petit mouvement du poignet.

– Aaaaaïe! cria quelqu'un derrière Snowy.

Il se retourna. Celui qui maintenait la jambe gauche de Hunt avait un piquet de tente enfoncé dans le biceps droit. L'artère paraissait sectionnée. Du sang trempait la chemisette blanche et sortait par saccades de la blessure à chaque battement de cœur. Horrifié, l'homme serra son bras avec sa main gauche et se releva en chancelant.

Presque au même instant, le petit caillou vola des doigts de Hunt. Il siffla dans les airs et frappa l'œil gauche de celui qui lui tenait la jambe droite. L'homme hurla et tomba à la renverse, les deux mains sur sa figure.

Snowy, dérouté, puis furieux, se retourna et plongea les deux mains en avant sur le cou de Hunt. Mais la victime avait maintenant le bras gauche et les deux jambes libres. Hunt roula sur sa droite et les mains de Snowy s'enfoncèrent dans la terre. Au même instant, Hunt en prit encore une poignée et la jeta à la figure de l'homme qui lui tenait toujours le bras droit. L'individu toussa, cracha, s'étrangla et relâcha son étreinte. Hunt roula de nouveau sur lui-même, releva les jambes et se mit debout d'un brusque rétablissement.

L'homme en sang était en état de choc. Celui que la pierre avait frappé était à genoux, les deux mains sur la figure. Le troisième crachait encore de la terre. Snowy était figé, comme s'il terrorisait une victime invisible. Mais la victime était derrière lui. Hunt posa un pied contre les fesses de Snowy et poussa, fort. Snowy s'étala sur le nez.

– Pour la dernière fois, dit Hunt. Je ne connais pas votre fille. Si vous venez encore m'embêter, vous ne vivrez pas pour le raconter.

Il s'épousseta et s'éloigna, en espérant que ses victimes en puissance ne lui avaient pas échappé. Derrière lui, Elton Snowy le regarda partir, en cherchant quelque chose à lui crier, quelque chose pour exprimer sa fureur et son dépit. Ses lèvres remuèrent, articulant silencieusement des mots sans même s'en apercevoir. Finalement il parla, en sifflant plus qu'il ne criait :

– Ami des négros!

Ferdinand De Chef Hunt entendit ses mots et se mit à rire.

– Ouahiiiii! dit Chiun.

– Ouahiiiii, dit la jolie petite blonde à côté de lui.

Et « ouille » firent les deux câbles soutenant leur seau de fibre de verre qui s'élevait lentement sur la grande roue.

– Faisons tourner le seau, dit Chiun, les yeux pétillant de joie.

– Ne faisons pas tourner le seau, dit Joleen. C'est interdit de faire tourner le seau.

– Ce n'est pas gentil de la part de Mr. Disney. Pourquoi est-ce qu'il a ce joli seau et ne permet pas aux gens de le faire tourner?

– Je ne sais pas. Il y a un écriteau en bas qui dit que c'est défendu.

– Ah, fit Chiun.

– Ah, fit Joleen.

– Ah, ah, dit Chiun.

– Ah, ah, fit Joleen.

– Drôle, drôle de Mr. Disney, dit Chiun. Ouahiiiiii, ajouta-t-il.

Le bocal du poisson rouge accroché à ses doigts, Remo atendait patiemment en bas la fin du tour. Son attention se portait en l'air. Derrière lui se tenait Ferdinand De Chef Hunt. Rien dans ses poches ne pouvait lui servir d'arme. Il regarda le sol mais c'était de l'asphalte et il n'y avait pas une pierre, pas un caillou à utiliser.

Hunt se retourna. Derrière lui, il y avait un stand, *Le Discobole*. Pour un dollar, le joueur avait droit à quatre minces assiettes métalliques et une chance d'essayer de les expédier à la façon d'un frisbee par une petite ouverture dans le fond de la tente. Deux assiettes gagnantes valaient un prix mais il y avait peu de gagnants parce qu'elles étaient inégales, et un jet qui expédiait une assiette par le trou en envoyait une autre vers le sommet de la tente.

Hunt tira de sa poche une liasse de billets qu'il jeta sur le comptoir, en s'emparant de trois assiettes de la main gauche.

– Je vous les achète, dit-il au forain qui haussa les épaules.

Ces assiettes lui revenaient à dix *cents* pièces.

Hunt tourna les talons et marcha lentement vers Remo, qui regardait toujours en l'air. Ce serait simple, pensait-il. D'abord le Blanc, et puis, quand il redescendrait, le Jaune. Une assiette pour chacun. Une de secours. Pas moyen de les rater.

Il était maintenant à trois mètres cinquante de Remo. Encore un pas. Trois mètres.

Tout là-haut, Chiun ne poussait plus de cris de joie. Il voyait l'homme s'approcher de Remo. Ses yeux se retrécirent. Quelque chose n'allait pas; il le sentait; tout comme il avait senti tout à l'heure que quelqu'un les suivait. Mais alors la grande roue tourna, le seau arriva au sommet, le mécanisme se trouva entre Chiun et Remo, et il ne put plus voir les deux hommes.

Remo se détendit. La roue ralentissait. Le tour allait bientôt s'achever. Il sentit alors un mouvement derrière son épaule droite. Il se retourna nonchalamment.

Scintillant vers lui comme une soucoupe volante, arrivait une assiette métallique. Elle tournoyait sans bruit en direction de sa tête, à l'horizontale, son bord coupant visant ses deux yeux.

Il jura et pesta contre le bocal de poisson rouge qu'il ne devait pas casser. Tout ce qu'il pouvait faire, c'était pencher la tête à droite. Son bras gauche se replia et puis sa main jaillit comme une flèche. Le bout durci des doigts toucha le centre de l'assiette juste avant qu'elle frappe sa tête. Elle frémit, le centre de métal bosselé, et tomba aux pieds de Remo.

Il releva alors les yeux. A trois mètres, il vit un mince jeune homme tenant deux autres assiettes. Remo sourit. Il avait téléphoné à la Mission de la Divine Béatitude et avait dit où il était, simplement pour qu'un émissaire du Maharaji Dor sache où le trouver.

Hunt sourit et attendit alors que Remo se rapprochait d'un pas. L'imbécile. Par le plus grand des hasards, il avait levé la main et arrêté l'assiette. Il aurait moins de chance ce coup-ci.

Encore un pas de Remo qui, prudent, avançait très lentement afin de ne pas renverser l'eau du poisson rouge.

L'assiette dans la main droite de Hunt se glissa sous son coude gauche puis vola vers la gorge de Remo. A moins de deux mètres cinquante, ça ne pouvait pas rater.

Mais, bon Dieu, voilà que le type avait encore de la chance. Il avait saisi le bord de l'assiette, la faisait glisser de son poignet gauche, et elle s'en allait poursuivre son vol pour tomber sur l'asphalte où elle creusa un sillon de quinze centimètres de long avant de s'immobiliser.

Remo fit encore un pas. Hunt comprit que les assiettes ne faisaient pas l'affaire. Il lui fallait une arme plus robuste et il n'avait aucun goût pour le corps à corps. Il entendit un nouveau « ouahiiiii » venant du *Seau Volant*.

Temps de filer.

Il leva les yeux, La nacelle transportant l'Oriental avait atteint le bas du tour et remontait. La main droite de Hunt retourna sous son coude gauche et il envoya la troisième assiette voler silencieusement vers l'attraction. Remo se retourna pour la suivre des yeux et marcha dans cette direction. L'assiette volait droit vers le seau occupé par Chiun et Joleen. Son bord mordit dans le câble d'acier soutenant le côté droit, le trancha et tomba en rebondissant jusqu'au sol.

Le seau commença à tomber.

– Ouahiiii! cria Chiun en riant.

Son bras gauche se leva et saisit le bord éraillé du câble. Son orteil gauche trouva une fissure à l'intérieur de la nacelle et s'y accrocha. Sa main droite empoigna la barre de sécurité. Sa main gauche en l'air, son pied gauche et sa main droite en bas empêchèrent le seau de plonger et, sans cesser de glapir des « ouahiiii » à pleine voix, Chiun le maintint ainsi jusqu'au sommet de la grande roue et pendant la descente. Joleen se tenait peureusement blottie dans son coin.

– Arrêtez cette foutue mécanique! cria Remo au forain qui poussa instantanément un gros levier en serrant le frein.

Quand le mouvement se ralentit, les nacelles apparurent et le forain vit le câble coupé et le vieil Oriental qui soutenait le seau. Avec art, il arrêta le tour juste au moment où la nacelle de Chiun atteignait la plate-forme d'embarquement en bois. Chiun lâcha le câble. Le seau tomba de dix centimètres sur les planches.

Radieux, épanoui, Chiun sauta de sa nacelle.

– Ouahiiii, dit-il. Quel tour merveilleux. Tu as mon poisson rouge?

– Oui, je l'ai. Vous allez bien?

Chiun ricana et se tourna vers Joleen, qui se remettait lentement de son choc et se relevait.

– Bien sûr que nous allons bien, affirma-t-il. Ces attractions sont sans danger. Personne n'est jamais blessé. Mr. Disney ne le permettrait pas.

Remo se retourna. Le jeune homme avait disparu. Tenter de le suivre maintenant serait une perte de temps.

Plus tard, quand ils eurent quitté la fête foraine, Chiun avoua :

– Il y a une chose, Remo, que je ne comprends pas.

– Quoi donc?

– Quand Mr. Disney tire l'assiette sur le câble et le casse, combien de gens ont assez de maîtrise d'eux-mêmes pour saisir le câble et soutenir le véhicule? Il n'y en a jamais qui tombent?

– Non, répondit Remo, le bocal du poisson rouge suspendu à son index droit. C'est la première chose que nous apprenons, en Amérique. Comment saisir le câble et tout soutenir.

– C'est très curieux. Vous voilà, une nation de gens qui ne savent pas parler, qui ne savent pas courir ni se déplacer, qui mangent la chair de toutes sortes de bêtes, et pourtant vous savez faire ça.

– C'est facile, assura Remo.

– Autre chose. Est-ce que tu as vu quelqu'un qui te suivait? Un grand jeune homme mince?

– Non, dit Remo. Je n'ai vu personne.

– Typique, dit Chiun. Tu ne remarques jamais rien. Ne lâche pas le poisson rouge.

## CHAPITRE XIV

Il fuyait sans doute la fête foraine, mais Hunt arborait un sourire qu'il eût été difficile d'attribuer à un échec.

Le jeune Américain avait pu bloquer les assiettes, et Hunt n'attribuait plus ça à la chance. Donc, ce Remo était tout simplement exceptionnel. Et alors? Alors ça n'avait pas d'importance. Il y avait de longues années, son grand-père l'avait averti qu'il existait des gens comme ça.

Avec le recul, il lui semblait aussi que son grand-père avait essayé de le préparer à une vie d'assassin, mais là n'était pas la question non plus. Ce qui comptait, c'était que son grand-père lui avait expliqué comment traiter les gens doués de talents physiques sortant de l'ordinaire. Une technique simple mais infaillible. La prochaine fois, il n'y aurait pas de main rapide pour bloquer des assiettes.

Hunt sourit encore en roulant vers le bas de San Francisco et le pont de Golden Gate. Il savait comment il manœuvrerait la prochaine fois avec ce Remo, et il se réjouissait d'avance de cette rencontre.

Pendant ce temps, Elton Snowy, lui, avait autre

chose en tête. Il se trouvait au comptoir d'un magasin d'articles de sport de Market Street.

– Je veux une grosse de cartouches. Chevrotines double zéro.

– Une grosse? demanda le vendeur avec un faible sourire.

– Une grosse. Ça fait cent quarante-quatre.

– Oui, monsieur. Une grande partie de chasse, hein?

– On pourrait l'appeler comme ça, reconnut Snowy.

Il paya en espèces et signa rageusement de son nom et de son adresse véritables le registre de l'armurerie. Le vendeur nota le nom quand Snowy quitta le magasin puis, se rappelant la sombre colère de sa figure congestionnée, il alla décrocher le téléphone.

Snowy s'arrêta ensuite dans un autre magasin d'articles de sport à l'autre extrémité de Market Street, où la rue se perd dans un écheveau de voies de circulation transversales, rails, tramway, apparemment toujours en travaux. Là il acheta un revolver de calibre 38 et des munitions, paya encore une fois en espèces, signa de nouveau un registre et le vendeur, remarquant sa mine vengeresse, téléphona à la police.

La dernière étape de Snowy fut un bar en face d'un dépôt ferroviaire où il but un bourbon, engagea la conversation avec un aiguilleur ivre et finit par acheter une douzaine de détonateurs de chemin de fer à amorces pour cinquante dollars comptant.

Si cette dernière transaction ne parvint pas aux oreilles de la police, les deux premiers rapports l'avaient mise en branle. Les inspecteurs obtinrent un signalement de Snowy mais ne purent le trouver dans aucun hôtel parce que maintenant Snowy était dans une chambre meublée sous un nom d'emprunt, et vidait délicatement des cartouches de fusil de chasse puis versait la poudre dans un sac en plastique.

Les inspecteurs vinrent rendre compte, comme il se devait, qu'ils n'avaient pu trouver Snowy. Leur rapport fut transmis au commissaire principal et, par simple routine, repris par un messager du FBI. L'agent principal du bureau de San Francisco lut le rapport. Normalement, il l'aurait jeté dans une corbeille-départ pleine d'autres questions sans importance. Mais ce jour-là était différent.

Depuis une semaine, il y avait une circulaire de première priorité ordonnant que toute activité insolite dans l'achat d'armes devait être signalée par les voies habituelles secrètes à la CIA en Virginie, tout à côté de Washington. L'agent principal ne savait pas pourquoi; il pensait que ça devait avoir un rapport avec la venue de ce guru à San Francisco et que la CIA voulait éviter un incident international, mais dans le fond cela ne le regardait pas, à moins qu'on ne lui dise que ça le regardait.

Il décrocha sur la ligne sûre et appela Washington.

Une maison de Mill Valley, de l'autre côté de la baie de San Francisco, résonnait de Ping. Pong. Ping. Ping.

– Autrement dit, vous avez échoué, dit le Maharaji Gupta Mahesh Dor.

Hunt sourit et secoua la tête.

– Autrement dit, j'ai pris leurs mesures. Ils sont durs, c'est tout.

– Je vous ai dit, mec, je ne vais pas risquer mon cul en organisant un rassemblement Béatitude avec ces deux cinglés dans le coin.

Pendant un instant, il eut l'air d'un petit garçon peureux. Hunt se leva et alla mettre une main sur l'épaule grasse de l'adolescent.

– Ne vous inquiétez pas. Je serai là. Si l'un ou l'autre vient, ou les deux, ils sont finis. C'est tout.

Un poste de télévision tonitruait dans un coin. La voix du commentateur trancha dans la musique automatiquement ignorée de la publicité chantée, avec un communiqué : « Explosion de violence dans une fête foraine. Trois blessés graves. Détails au journal de six heures. »

Dor se tourna vers Hunt.

– Vous? demanda-t-il.

– Oui. Ils m'embêtaient.

Le Maître Bienheureux considéra un moment la figure froide de Hunt puis il sourit.

– Tous les systèmes marchent, mec. On va les béatifier à mort demain soir.

## CHAPITRE XV

Le rapport sur les achats de munitions d'Elton Snowy ne mit que quelques heures pour atterrir, sur le bureau du responsable haut placé de la CIA qui l'avait réclamé.

Il s'appelait Cletis Larribee et il avait cinquante et un ans, natif de Willows Landing dans le Tennessee, où il avait été pendant de nombreuses années diacre et prédicateur laïc ainsi que président du Club des Hommes de l'Église Monumentale Baptiste.

Larribee n'avait pas réussi à se distinguer dans l'OSS pendant la Seconde Guerre mondiale, et ne s'était pas distingué non plus dans le service d'après-guerre, au sein de l'organisme de renseignements, issu de l'OSS et qui deviendrait un jour la CIA. Il ne s'était pas davantage distingué en n'ayant jamais le moindre ennui, et cela l'avait tellement distingué dans le Washington actuel que lorsque le poste de second à la CIA fut à pourvoir, le Président d'alors avait déclaré : « Nommez le marchand de Bibles, absence profil, comme ça au moins on s'assure l'effet de décimation de l'explétif .»

Cletis Larribee n'avait aucune intention de décimer l'explétif. Lui, il voulait servir l'Amérique.

Même si parfois l'Amérique avait l'air de ne pas vouloir être servie. Elle devenait athée et révolutionnaire, elle rejetait les anciennes valeurs sans les remplacer. Cletis Larribee ne rejetait jamais les anciennes valeurs sans les remplacer par quelque chose.

C'était du ressort de Cletis Larribee de savoir que le Maharaji Gupta Mahesh Dor était aux États-Unis pour organiser un marathon Béatitude et il avait expliqué à son supérieur : « Il ne nous manquerait plus que ce saint homme soit descendu en Amérique, dans l'état actuel du monde et tout », argument qui lui avait donné le droit d'obtenir des rapports de la police locale sur les achats d'armes à San Francisco, et maintenant il examinait avec une inquiétude croissante celui qui concernait Elton Snowy.

Il décida finalement d'appeler un de ses amis, haut placé au FBI, pour lui demander conseil mais la secrétaire de l'ami lui dit qu'il était à l'hôpital.

– Oh non, rien de grave. Examen de routine, c'est tout.

Larribee téléphona à un autre ami au Département d'État, service affaires indiennes.

– Je suis navrée, monsieur Larribee, mais Mr. Volz est en clinique. Non, rien de sérieux. Son bilan de santé habituel.

Après trois autres amis hospitalisés, Cletis Larribee commença à soupçonner que quelque chose n'allait pas. Il confia cela à ses deux amis les plus intimes, au cours d'un déjeuner dans un restaurant bon marché en dehors de Washington. Il pensait que la vie du Maharaji était peut-être en danger.

– Ridicule, dit Winthrop Dalton.

– Doublement ridicule, affirma V. Rodefer Harrow III. Rien ne peut mettre en danger les projets du Maître Bienheureux.

– Il est la Vérité, dit Dalton.

– Il est la Parfaite Vérité, dit Harrow qui ne voulait pas être surpassé.

– Il est mortel, observa Larribee, et il peut mourir de la main d'un assassin.

– Ridicule, assura Dalton.

– Doublement ridicule, répéta V. Rodefer Harrow III. Le dispositif de sécurité du Maître est comme lui. Parfait.

– Mais contre un assassin avec une bombe? s'inquiéta Larribee.

– Je ne suis pas libre d'en parler, confia Dalton, mais le dispositif de sécurité est plus qu'adéquat. Nous l'avons organisé nous-mêmes.

Il regarda Harrow pour une confirmation.

– Précisément. Nous l'avons organisé nous-mêmes.

V. Rodefer fit signe au garçon d'apporter un autre plateau gratuit de biscuits au fromage sous cellophane, qui était une des raisons pour lesquelles il appréciait ce restaurant.

– Je devrais peut-être alerter le FBI, hasarda Larribee.

– Non, dit Dalton. Vous devez simplement suivre les instructions et vous trouver demain soir au Stade Kezar, prêt à montrer la bonne voie à l'Amérique. Avez-vous besoin de quelque chose?

Larribee jeta un coup d'œil à sa serviette de cuir fauve.

– Non, j'ai tout. Cuba. Le Chili. Le canal de Suez. L'Espagne. Tout le bazar.

– Bien, dit Dalton. Quand l'Amérique vous verra vous joindre au Maître Bienheureux, toute l'Amérique se précipitera sous sa houlette.

– Et ne vous faites pas de souci, ajouta Harrow. Le Maître Bienheureux est protégé par Dieu.

Larribee sourit.

– Le Maître Bienheureux *est* Dieu.

Dalton et Harrow le regardèrent et, après un bref silence, Dalton murmura :

– Oui, c'est vrai, n'est-ce pas?

Et pendant ce temps, à près de cinq cents kilomètres au nord de Washington, dans un sanatorium sur les bords du détroit de Long Island, le Dr Harold W. Smith lisait une pile de rapports qui ne pouvaient en rien apaiser son malaise.

Les personnages haut placés que Remo lui avait cités comme des fidèles du Maharaji avaient été hospitalisés, du moins jusqu'à ce que Dor quitte le pays.

Mais il pouvait y en avoir d'autres, et Smith ne savait pas du tout qui ils étaient ni ce qu'ils pouvaient projeter. Ajoutons à cela le néant total, jusqu'ici, sur l'endroit où se trouvait le Maharaji. Ajoutons encore le rapport de Remo sur un homme qui avait tenté de le tuer ce jour-là à San Francisco.

Le total inquiétait. Le « grand coup », quel qu'il fût, approchait, et Smith se sentait impuissant. Non seulement il ne pouvait pas l'empêcher mais il était incapable de l'identifier. Son unique espoir était maintenant Remo.

## CHAPITRE XVI

Le soleil marquait midi quand deux Indiens en longue robe rose, une grosse petite Indienne en sari, un voile dissimulant son visage, et un jeune Américain presque maigre arrivèrent à la porte de derrière du Stade Kezar.

Ils montrèrent des papiers à un garde en uniforme qui les fit rapidement passer par le portillon et leur indiqua une rampe à dix mètres de là.

Le quatuor monta par la rampe, puis descendit par des marches dans l'arène du Stade Kezar. Tous quatre examinèrent avec soin la grande estrade dressée au milieu, en regardant dessous. Puis, apparemment satisfaits, ils traversèrent le terrain et montèrent par une autre rampe aboutissant aux vestiaires et à des bureaux.

Ils franchirent une porte marquée : « Entrée absolument interdite » et entrèrent dans les bureaux. Une fois à l'intérieur, la jeune Indienne dodue commença à se dépouiller de son sari en disant :

– Merde, je crève de chaud là-dessous.

La robe enlevée, la femme n'en fut plus une. Sous ce déguisement il y avait le Maharaji Gupta Mahesh

Dor. Il apparaissait maintenant dans toute sa gloire, en costume de satin blanc au pantalon drapé de la taille au genou puis étroitement serré sur les mollets. Sa veste Nehru avait un col brodé de pierreries.

Il se secoua, comme pour se débarrasser de toute la sueur poisseuse accumulée sous le tissu.

– Hé toi, comment c'est ton nom, toi? cria-t-il à un des deux Indiens d'un certain âge chacun marqué du trait d'argent au front. Sors et tâche de mettre la main sur ce con de la télé. Il devait nous retrouver ici à midi.

Il tourna les talons pour passer dans un bureau particulier. Le jeune Américain le suivit. Sur le seuil, Dor lança par-dessus son épaule :

– Et vous, Ferdinand, ouvrez l'œil... les deux mecs dangereux. Je ne tiens pas à refaire le mariole pour filer à l'indienne.

Ferdinand De Chef Hunt sourit. Ses dents étincelèrent de blancheur, d'une blancheur aussi éclatante que les deux cailloux qu'il roulait entre les doigts de sa main droite, et dont un serait rouge sang avant la fin de la soirée.

Le bureau particulier était une petite pièce impitoyablement climatisée avec un éclairage au plafond et sans fenêtre.

– Ça fera l'affaire, dit Dor en se laissant tomber dans le fauteuil derrière le grand bureau de bois.

– Je l'ai trouvé, ô Bienheureux, annonça un des Indiens, de la porte.

Dor leva les yeux et vit l'Indien faire entrer un jeune homme en tweed avec des lunettes et des cheveux roux en broussaille.

– Bien, maintenant filez tous. Je veux causer un moment avec ce gars. A propos de ce soir.

– Ce soir sera une nuit de beauté, Maître Bienheureux, dit l'Indien.

– Ouais, sûr. Parlez-moi encore du potentiel d'antenne, dit le Maharaji à l'homme de télévision. Qu'est-ce que nous pouvons avoir sur une seule chaîne, en direct, retransmis d'une côte à l'autre?

– Nous aurons l'esprit de tous ceux qui ont soif de vérité, dit l'Indien.

– Tu vas me foutre le camp avec tes conneries? J'ai à causer business. Alors? demanda-t-il au jeune homme de la télévision.

– Eh bien, nous envisageons que votre programme s'inserrera très bien dans le créneau entre...

Hunt sourit encore et suivit l'Indien, fermant la porte derrière lui. Les histoires de télévision ne l'intéressaient pas. Seulement l'assassinat.

Le programme ne commençait pas avant vingt heures mais la foule commença à arriver dès dix-sept heures. Elle était en majorité jeune, en majorité chevelue, en majorité exaltée. Mais plus de la majorité transportait une béatitude séculière dans des sacs en papier garnis de hamburgers ou dans des joints bien serrés, glissés à l'intérieur d'innocents paquets de Marlboro.

Un de ces premiers arrivants avait aussi un sac mais qui ne contenait pas de béatitude. Elton Snowy passa le portillon de l'entrée et monta les marches du stade puis il descendit se placer aussi près que possible de l'estrade. Il tenait au creux de son bras droit ce grand sac en papier du sommet duquel émergeaient des morceaux de poulet frit. Sous le poulet, il y avait un autre sac, en plastique, celui-là plein de poudre à fusil, de limaille d'acier et les têtes hautement explosives des amorces de détonateurs de chemin de fer.

Snowy descendit lentement vers le premier rang des gradins. Contre sa jambe gauche, il sentait le poids inconfortable du pistolet de calibre 38 qu'il avait fixé à son mollet avec du sparadrap. Il ne savait pas si un coup de pistolet ferait détoner sa bombe artisanale, mais il allait essayer. A moins qu'il ne trouve Joleen avant. Il serrait résolument le sac contre lui, comme s'il résistait à une tentative de vol.

Remo, Chiun et Joleen furent parmi les retardataires, et le soir était déjà bien tombé quand ils arrivèrent au Stade Kezar.

Les bagages de Chiun étaient enfin arrivés de San Diego à l'hôtel de San Francisco où Remo avait pris une suite. Chiun avait insisté pour regarder ses merveilleux drames, comme il appelait les feuilletons télévisés de l'après-midi. Il ne voulait pas entendre parler de partir avant la fin, à moins bien sûr que Remo ne veuille l'emmener encore à Disneyland pour un tour amusant de *Seau Volant*.

Mais c'était ce que Remo voulait le moins au monde. Ils attendirent. Et ce fut seulement après la fin du dernier feuilleton que Chiun se leva enfin, sa robe rouge tournoyant autour de lui, en disant :

– Nous n'arriverons jamais à Sinanju si nous restons à lambiner ici comme ça.

Dans le stade, ils trouvèrent une atmosphère de folie. La foule était réduite, comparée à la taille de l'arène. Seulement quinze mille personnes. Les fidèles de la Divine Béatitude se pressaient dans les loges et sur des chaises pliantes posées sur le terrain. Instantanément reconnaissables à leur robe rose et à leur regard brûlant d'un zèle mystique. Mais ce n'était que la moitié du public. Le reste était composé de curieux, d'agitateurs, de bandes de motards, de casseurs, et ils envahissaient le sommet des gradins, assommaient les gens sans méfiance pour les soulager de leur portefeuille, se bagarraient entre eux et, lentement, systématiquement, détruisaient les installations du stade.

Dans tout ce chaos s'élevaient les voix discordantes d'une chorale, six hommes et une fille, chantant de vieux gospels et spirituals, bien de chez eux, dont les paroles avaient été revues et corrigées pour substituer au nom de Jésus celui du Maître Bienheureux.

Au moins une des personnes présentes était enchantée. Le Maharaji Gupta Mahesh Dor, assis dans le petit bureau avec le représentant de la télévision, claquait des doigts et répétait inlassablement :

– Cool. Cool. C'est comme ça que nous faisons ça. Cool.

– Ça me rappelle un peu Billy Graham, dit le jeune homme sérieux de la TV en regardant l'écran qui clignotait dans la pièce obscurcie.

– Démolissez pas Billy Graham, dit le Maharaji. Il a une bonne combine. Le type est beau.

Il consulta sa montre et reprit :

– Les orateurs vont bientôt commencer. Ils sont programmés pour quarante-cinq minutes. Après on débute l'émission. D'abord il y a le baptiste

nègre qui me présente, puis je fais mon numéro.
– C'est ça, c'est ce qui est prévu.
– Superbe, dit Dor. Vous pouvez filer, maintenant. Allez vous assurer que vos cameramen ôtent bien le capuchon de leurs objectifs ou je ne sais quoi.

Remo laissa Chiun et Joleen dans la partie réservée du terrain. La robe rouge de Chiun et le sari rose de Joleen avaient permis le passage. Le premier orateur, un pasteur baptiste, parlait expliquant comment il avait abjuré le faux christianisme pour le service d'un plus grand bien, l'œuvre du Maître Bienheureux. Il aurait fallu des yeux très perçants pour remarquer, quand il levait les bras, que ses poignets portaient de légères cicatrices.
– Cet homme a été enchaîné, dit Chiun à Joleen.
– Il était à Patna, répondit-elle sans se compromettre.
– Votre maître est un être maléfique, dit Chiun.
Elle le regarda et sourit d'un air extasié.
– Il n'est plus mon maître. J'ai un nouveau maître.
Tendrement elle pressa la main de Chiun, qui la lui arracha avec brusquerie.
Pendant ce temps, Remo s'était perdu et se trouvait du mauvais côté du stade, où il essayait de se retrouver dans les couloirs qui se terminaient généralement en impasses, fermés par des palissades. Mais tous les stades se ressemblent, et il y a toujours des salles et des bureaux par lesquels on peut passer pour éviter les barrages.

Remo s'arrêta dans un bureau pour empêcher un viol et, comme il n'avait guère de temps, il s'y prit de la manière la plus simple en neutralisant l'instrument du viol.

Puis il repartit par les corridors, entrant et sortant de bureaux et de vestiaires et il se retrouva finalement à l'autre bout du stade, trottant le long d'un couloir qui débouchait sur la rampe, conduisant à l'estrade.

Il tourna le coin. Devant lui, il vit une porte marquée « Entrée absolument interdite » et deux costauds en robe rose debout devant, les bras croisés.

Remo s'approcha d'eux.

– Salut, les gars, dit-il. Belle journée, hein?

Ils ne répondirent pas.

– Un temps parfait. Idéal pour le poisson-banane.

Ils restèrent muets, sans daigner le regarder.

– Bon, ça va, les copains, écartez-vous, dit Remo. J'ai deux mots à dire au swami.

Une voix amusée s'éleva derrière Remo.

– A moi d'abord.

Remo se retourna et vit le jeune Américain de la fête foraine.

– Ah oui, vous. Vous avez apporté vos assiettes?

– Je n'en aurai pas besoin, répondit Ferdinand De Chef Hunt en s'approchant de quelques pas, jusqu'à ce qu'il n'y ait plus que cinq mètres entre Remo et lui.

Derrière la porte fermée, le Maharaji Dor consulta encore une fois sa montre, jeta un coup d'œil à l'écran de contrôle et vit apparaître le symbole de la chaîne de télévision. Il était temps. A ce tarif-là, il ne pouvait pas se permettre de gaspiller de précieuses minutes.

Il passa la tête dans le bureau voisin où étaient assis Winthrop Dalton, V. Rodefer Harrow III et Cletis Larribee.

– Tout est prêt ici? demanda-t-il.

– Oui, Maître Bienheureux, répondit Dalton.

Larribee hocha la tête.

– OK, je descends maintenant. Soyez en coulisse dans dix minutes.

Dor retourna dans son bureau, ferma la porte et passa par une autre pour prendre la rampe privée conduisant à une tranchée au bord du terrain.

Hunt tira de sa poche les deux cailloux en faisant face à Remo.

– Des assiettes. Maintenant des cailloux, observa Remo. Quand est-ce que vous en viendrez à la tarte à la crème?

Hunt se contenta de sourire. Il plaça avec soin les deux cailloux l'un dans le creux de sa main, l'autre au bout de ses doigts. Comme son grand-père le lui avait montré. Le vieux monsieur avait décrit cela au jeune Ferdinand en prenant pour exemples des animaux, mais Hunt savait maintenant qu'il avait parlé de personnes.

– Il y a des animaux qui sont différents des

autres, dit le vieux monsieur. Plus forts. Plus rapides. Parfois ils sont plus intelligents.

– Et comment est-ce qu'on les abat? demanda le petit garçon.

– On fait cela en utilisant contre eux leurs propres pouvoirs.

Le vieux monsieur se leva et indiqua le bois.

– Tu l'as vu?

– Qui ça? demanda l'enfant.

– Il y a un sanglier, là-dedans. Dur, rapide, méchant et malin. Il sait que nous sommes ici, et il attend que nous partions pour s'en aller.

– Alors qu'est-ce que tu vas faire, grand-papa?

Le vieux monsieur prit un fusil puis il regarda autour de la véranda pour chercher une petite pierre.

– Regarde bien, dit-il.

Il jeta la pierre en l'air, très haut, loin, à gauche de l'endroit où il avait vu le sanglier. Le caillou tomba sur de l'herbe mais les oreilles ultra-sensibles du sanglier perçurent le bruit. L'animal bondit, sur la droite, loin du bruit du caillou. Sa fuite le fit passer devant une petite brèche entre les arbres et, dès qu'il apparut, grand-papa De Chef lui logea une balle dans la tête.

– Voilà comment on fait, Ferdie. Tu obliges ta cible à fuir une fausse menace. Et à ce moment, tu l'abats, dit le vieux monsieur en souriant à l'enfant. Tu ne le comprends peut-être pas maintenant, mais un jour tu sauras. Quoi que puisse raconter ta maman.

– Allez, mon vieux, je n'ai pas toute la nuit.

La voix de Remo fit retomber Hunt dans le présent. Sans hésitation, sans analyse, il ramena son bras droit en arrière et puis le projeta vers Remo. Le caillou au bout de ses doigts s'envola le premier, mais à deux centimètres à gauche de la tête de Remo.

Le second, propulsé par la paume de Hunt, suivit aussitôt, plus à droite encore pour que Remo, en se penchant afin d'éviter la première pierre, prenne la seconde entre les deux yeux.

Hunt sourit, mais le sourire se changea en stupéfaction, puis en peur.

Il y eut devant lui un bruit sourd et un cri perçant. La première pierre passée à côté de la tête de Remo s'était enfoncée dans le front d'un des gardes en robe rose, juste derrière lui. L'homme poussa un second cri et s'effondra.

Remo n'avait pas bougé d'un millimètre et le second caillou passa à droite de sa tête. Il leva la main droite et le cueillit au vol entre le pouce et l'index.

Remo regarda le caillou, puis Hunt.

– Navré, mon vieux. Je vous l'ai dit, vous auriez mieux fait de vous en tenir aux assiettes.

Hunt recula.

– Vous allez me tuer, n'est-ce pas?

– C'est la règle du jeu, trésor.

Hunt tourna les talons et se précipita sur la rampe vers le stade brillamment illuminé; Remo le suivit de quelques pas, puis il vit devant lui les caméras de télévision qui ronronnaient.

Il s'arrêta. Il ne pouvait absolument pas courir le risque d'être vu à la télévision. Hunt était maintenant sur le terrain et fonçait vers l'estrade. Tout en courant, il regarda une fois par-dessus son épaule.

A ce moment le Maharaji Gupta Mahesh Dor était dans la tranchée, caché par un cordon d'hommes en robe rose.

Remo attendit. Hunt se retourna encore. Cette fois Remo lança le caillou. Hunt le vit venir, leva la main droite pour le bloquer, et la pierre frappa sa main avec la violence d'un coup de marteau, projetant la pierre et la main dans le crâne de Hunt.

Hunt s'écroula. Deux personnes le virent tomber mais soudain leurs cris furent couverts par le rugissement des fidèles voyant apparaître le Maharaji qui courait à petits pas, légèrement, traversant le terrain en direction du podium.

– Maître Bienheureux, Maître Bienheureux!

Tout le stade vibrait de hurlements. Le cadavre de Hunt était caché par l'estrade, et les deux personnes qui l'avaient vu tomber se persuadèrent qu'elles avaient rêvé et se mirent à acclamer Dor.

Remo se retourna vers la porte. Le garde en robe rose se penchait sur son compagnon abattu par le premier caillou de Hunt. Remo passa devant lui et entra dans le bureau.

Winthrop Dalton, V. Rodefer Harow III et Cletis Larribee levèrent les yeux.

– Dites donc, vous, qu'est-ce que vous faites là? demanda Dalton.

– Lequel de vous est sacrifiable? demanda Remo.

– Lui, dit Dalton en montrant Harrow.

– Lui, dit Harrow en montrant Dalton.

– Je vous choisis, dit Remo à Harrow, et il lui enfonça le crâne dans les bajoues.

– Dites-moi un peu, s'exclama Dalton en baissant

les yeux sur le corps écroulé de Harrow. Pas la peine de passer votre hostilité sur nous.

– Où est-il?

– Qui?

– Le swami.

Dalton montra la télévision en circuit fermé. On voyait sur l'écran le Maharaji Gupta Mahesh Dor saluer la foule et s'avancer vers un micro.

– Il est là, dehors, dit Dalton. Et nous devons y aller maintenant, alors si vous voulez bien nous laisser passer.

– Qui êtes-vous? demanda Remo à Cletis Larribee. Comment se fait-il que vous ne dites rien?

– Il va avoir bien des choses à dire dans quelques minutes, déclara Dalton. Et si vous tenez à le savoir, il est directeur adjoint de la CIA.

– Qu'est-ce qu'il y a dans la serviette, pépé? demanda Remo à Larribee.

– Regardez la télévision, grommela Dalton. Vous verrez tout d'ici quelques minutes. Venez, Cletis, il est temps.

Dalton fit un pas vers la porte et puis n'en fit plus aucun car sa pomme d'Adam se trouva inextricablement coincée dans sa colonne vertébrale. Il tomba sur le corps de Harrow.

– C'est vous le grand truc dont on parle tant, pas vrai? demanda Remo.

Larribee, trop terrifié pour parler, hocha la tête.

– Mais vous n'allez rien dire ce soir, pas vrai?

Larribee secoua rapidement la tête. Il retrouva l'usage de la parole.

– Ne vous inquiétez pas, jeune homme. Je ne dirai rien.

– Regardez autour de vous, dit Remo en montrant les deux cadavres. Et n'oubliez pas. Je vous observerai.

– Je n'oublierai pas, je n'oublierai pas.

– Et je vais prendre la serviette.

– Elle contient des secrets d'État.

– Je vous les rendrai dès que vous aurez fini, promit Remo.

Sur le podium, devant la télévision nationale, le Maharaji Dor achevait de proclamer le soutien qu'il avait obtenu dans le monde entier pour son simple message de béatitude et de bonheur, même d'une des grandes religions d'Amérique, les baptistes.

– Mais, plus encourageant encore, une preuve de plus que ma voie est la bonne, une plus grande manifestation du pouvoir de la vérité, c'est l'homme que je vais vous présenter. Un homme qui connaît les secrets du gouvernement va vous en parler. Il vous dira la vérité sur votre gouvernement, puis il parlera de la divine vérité.

Il se retourna et vit Larribee monter sur l'estrade.

– Mesdames et messieurs, écoutez maintenant ce message du directeur adjoint de la Central Intelligence Agency de votre pays. Mon ami et disciple, Cletis... euh... il est Cletis pour moi.

Il tendit le bras vers Cletis dans un geste d'accueil. Il y eut quelques huées, quelques petits applaudissements mais, dans l'ensemble, le public était frappé de stupeur.

Larribee, ne regardant ni à droite ni à gauche, passa devant le Maharaji Dor et s'empara du micro. Il contempla les gradins. Il vit des milliers de figures. Il se rendit compte que des millions d'autres le regardaient en direct à la télévision. Il posa le micro, se rappela les yeux durs de Remo, et le reprit. Il ouvrit la bouche et, tout bas, d'une voix chevrotante, il se mit à chanter :

– *Quel ami nous avons en Jésus,*
*Portant le fardeau de nos péchés...*

Au bout de quelques mesures du vieux cantique, sa voix s'affermit. Il ferma les yeux pour s'imaginer de nouveau dans la tribune du chœur, dans l'Église Monumentale Baptiste de Willows Landing.

– *Quel privilège de porter*
*Tout à Dieu par la prière...*

Le Maharaji Dor bondit et arracha le micro de la main de Larribee.

– Et maintenant vous savez, glapit-il, qu'on ne peut pas faire confiance à la CIA!

Il jeta le micro sur l'estrade. Le bruit de bois fendu résonna dans tout le stade.

– Je rentre chez moi! hurla-t-il en tapant du pied comme un gosse qui fait une grosse colère. Je retourne à Patna! Vous entendez? Je m'en vais!

– Fous le camp, patate! cria une voix dans le public.

– Ouais, fous le camp, patate! On n'a rien à foutre de toi!

Les huées s'enflèrent, le tumulte grandit, et le vacarme était à son comble quand Remo s'approcha de l'endroit où étaient assis Chiun et Joleen.

Au même instant Elton Snowy, qui s'était subrepticement insinué sur le terrain en portant son faux sac de poulet frit, contourna l'estrade. Il aperçut sa fille.

– Joleen! hurla-t-il.

Elle leva les yeux et poussa un cri de joie :

– Papa!

Snowy accourut vers elle, et elle se jeta à son cou. Il essaya de la serrer dans ses bras mais le sac de poulet à la bombe le gênait.

– Tenez, mon vieux, prenez ça, dit-il à Remo en lui tendant l'objet encombrant.

Remo haussa les épaules, prit le sac, puis il ouvrit la serviette de Larribee et l'y fourra. Il la referma.

– Tu m'as tellement manqué, dit Snowy.

– Toi aussi, papa, tu m'as manqué. Papa, je veux te présenter l'homme que j'aime.

Snowy se tourna vers Remo qui fit un geste vague, un geste « qui, moi? ». Joleen se retourna et tendit le bras vers Chiun.

– Il est mon vrai maître, dit-elle, et je l'aime.

– Joleen, ma chérie, dit son père. Je t'aime, tu le sais...

Elle hocha la tête.

Il ramena son poing droit et le lui appliqua à la pointe du menton. Elle s'écroula dans ses bras.

– ... Mais tu ne vas pas épouser un Chinetoque!

Sur ce il souleva sa fille et la porta vers une des sorties du stade.

– Qu'est-ce que ça voulait dire? demanda Chiun à Remo.

– C'est du racisme, Chiun.

– Du racisme? Je croyais que le racisme avait un rapport avec le base-ball.

– Non. Il ne veut simplement pas que sa fille épouse un Coréen.

– Mais comment allez-vous jamais vous améliorer, vous les Blancs, si vous n'épousez pas des Jaunes? s'étonna Chiun.

– Je n'en sais fichtre rien, répondit Remo.

Chiun et lui firent demi-tour et se dirigèrent vers la rampe par laquelle le Maharaji furieux avait disparu. Mais en y arrivant, Remo s'aperçut que Larribee était resté près de l'estrade, l'air égaré et effrayé.

– Je vous rattrape, dit Remo à Chiun, et il retourna auprès de Larribee. Vous avez été très bien, assura-t-il.

Terrifié, Larribee put tout juste hocher la tête.

– Voilà votre serviette. Je crois que vous devriez rentrer chez vous.

Larribee acquiesça mais ne bougea pas. Il semblait paralysé, cloué au sol.

– Ah merde, grogna Remo. Venez.

Il prit Larribee par le bras et le traîna vers une des sorties du stade, en le faisant passer rapidement parmi les groupes furieux ou excités qui envahissaient maintenant le terrain.

Quand Larribee fut en sécurité dans un taxi en route vers l'aéroport, Remo fendit de nouveau la foule vers la rampe menant au bureau du Maharaji.

A part les cadavres de Dalton et de Harrow, la première pièce était vide. La porte de la seconde était fermée, mais quand Remo s'en approcha, elle s'ouvrit, et Chiun apparut.

– Remo, dit-il, je vais à Sinanju.

– Je vous l'ai dit, dès que nous aurons fini j'arrangerai tout.

Il entra tandis que Chiun disait :

– Non. Je veux dire que j'y vais tout de suite.

Remo le regarda, puis le Maharaji Dor assis derrière le bureau, puis de nouveau Chiun qui révélait :

– Je me mets à son service.

Ahuri, Remo garda un instant le silence, puis il demanda :

– Comme ça? Simplement?

– Comme ça, dit Chiun. Mes chers feuilletons me seront relayés par satellite. Il l'a promis. Et je pourrai me rendre fréquemment à Sinanju. Il l'a promis. Remo, tu n'as pas eu l'occasion de vraiment connaître le beau peuple de l'Inde, ni de voir la beauté de la campagne indienne.

Il regarda Remo, plein d'espoir, et Remo le toisa froidement.

– Si vous y allez, vous irez seul.

– Très bien.

Remo tourna les talons et s'éloigna.

– Où vas-tu? demanda Chiun.

– Me soûler.

## CHAPITRE XVII

Remo n'était plus un buveur.

Six barmen de San Francisco pouvaient le jurer.

Dans le premier bar, il commanda un Seagram et quand le barman le lui apporta il leva le verre pour avaler le whisky d'un trait, mais l'odeur monta à ses narines, et il fut incapable de boire. Il paya le barman et s'en alla, entra dans un autre bar, commanda une bière, la porta à ses lèvres mais l'odeur l'écœura et, encore une fois, il paya et s'en alla en laissant le verre plein.

Il fit quatre autres tentatives, mais la discipline de Sinanju était trop forte pour être si facilement violée. D'ailleurs, à chaque verre, il entendait la voix sentencieuse de Chiun.

« L'alcool c'est bon pour conserver des choses mortes. Ou les gens qui souhaitent l'être. »

« La bière est faite d'un grain que seules les vaches peuvent consommer, et encore, elles ont besoin de quatre estomacs pour y arriver. »

Alors Remo marcha dans la nuit, furieux et triste, dans l'espoir que quelqu'un essaierait de l'attaquer, de préférence une compagnie d'infanterie, pour lui permettre de passer sa rage.

Mais personne ne l'importuna, et Remo marcha toute la nuit avant de retourner à l'hôtel dominant un terrain de golf près de Golden Gate Park.

Il regarda autour de lui, dans l'espoir de voir Chiun sortir de la chambre mais la suite était déserte et silencieuse.

Sur ce, le téléphone sonna. Remo le colla à son oreille avant la fin de la première sonnerie.

– Bon travail, Remo, dit Smith.

– Ah, c'est vous.

– Oui. Tout me paraît aller très bien.

– Tant mieux. Je suis bien content pour vous. Vous ne pouvez pas savoir comme je suis content, dit Remo.

– A part un petit malheur. Larribee a sauté ce matin avec sa voiture, en rentrant chez lui à Washington.

– Tant mieux pour lui. Au moins il a trouvé un moyen de sortir de ce pétrin.

– Vous n'avez rien à voir là-dedans? demanda Smith sur un ton soupçonneux.

– Non. Je le regrette bien.

– Bon. Au fait, vous serez intéressé de l'apprendre. Cette fuite de sécurité que nous avions à Folcroft, eh bien, ce n'était rien qu'un petit programmeur mal payé. Il paraît qu'il a suivi un moment le Maharaji, et un jour il n'a pas pu se retenir et il a fait passer un message dans l'ordinateur. Très amusant, mais vraiment rien...

– Smitty, interrompit Remo.

– Oui?

– Allez vous faire pisser à la raie.

Remo raccrocha brutalement. Il regarda de nouveau autour de lui, comme si Chiun avait pu entrer subrepticement pendant qu'il était au téléphone, mais le silence était total, écrasant, si énorme qu'il lui bourdonnait aux oreilles, alors, pour rompre ce silence, Remo alla allumer le poste de télé couleur portable de Chiun.

Le poste transistorisé transmit instantanément l'image et le son. C'était le journal du matin et le commentateur annonçait en souriant :

– Le Maharaji Gupta Mahesh Dor a donné une conférence de presse ce matin au *Holliday Inn* de San Francisco, pour déclarer qu'il ne remettrait plus jamais les pieds en Amérique. Cela fait suite au marathon Béatitude du Stade Kezar, hier soir, qui avait bénéficié d'une énorme publicité et qui s'est transformé en un lamentable fiasco, une éruption d'émeutes et de violences au cours desquelles trois personnes ont trouvé la mort.

Le commentateur disparut et l'on passa en différé la conférence de presse de Dor. Quand Remo vit la figure grasse du Maharaji avec sa fausse couche de moustache, il gronda, tout au fond de sa gorge, ramena en arrière son poing droit et...

Tap, tap, tap.

Remo se figea. On frappait à la porte. Le bruit était familier, comme s'il était produit par de longs ongles.

La figure de Remo s'illumina. Il ramena sa main droite à sa figure pour éponger la sueur qu'il n'avait pas sentie plus tôt.

Il alla ouvrir. Chiun était là.

– Chiun. Comment allez-vous?

– Comment veux-tu que j'aille? Je viens chercher mon poste de télévision. Je ne voulais pas le laisser.

Il écarta Remo et entra.

– Tu vois, déjà tu t'en sers, tu me l'uses dès que j'ai le dos tourné.

– Prenez-le et foutez le camp, grogna Remo.

– C'est ce que je vais faire, c'est ce que je vais faire. Mais d'abord il faut que je l'examine. Note que je ne pense pas que tu volerais quelque chose, mais avec les Américains on ne sait jamais.

Chiun s'approcha du poste, compta laborieusement les boutons, les recompta, se pencha pour regarder derrière et tenter d'examiner à travers les petits trous un ensemble de circuits auxquels il ne comprenait rien, Remo le savait. De temps en temps il faisait « hum ».

– J'aurais dû tuer ce sale petit morveux, dit Remo.

Chiun renifla bruyamment et continua son inspection.

– Vous savez pourquoi je l'ai laissé vivre? reprit Remo. Parce que je savais que cette fois vous étiez sérieux, et il était votre nouveau patron. Et je ne ferais pas de mal à votre patron.

Chiun se redressa et hocha tristement la tête.

– Tu es fou. Comme tous les Blancs. J'en ai assez des Blancs. Cette fille était amoureuse de moi, et cet aliéné avec son sac de poulet l'a frappée. Et moi qui croyais que seul le base-ball était raciste. Et Smith. Et...

– Et merde. J'aurais dû achever ce crapaud. Si jamais je le revois, je n'hésiterai pas.

– Pensée blanche typique. Faire les choses de telle manière qu'elles causent plus de mal que de bien. Sais-tu que les Indiens sont très fâchés quand des Indiens meurent dans un pays étranger? Particulièrement les riches Indiens. Et pourtant tu irais faire ça comme ça, pouf, tu le tuerais. Heureusement, tu ne commettras pas cette folie. Je l'ai tué, et de telle façon que ce manque de manières ne sera jamais associé au nom de Sinanju.

Chiun croisa les bras et défia Remo du regard.

– Mais je viens de le voir bien vivant. A la télévision.

– Rien ne peut jamais entrer dans l'esprit blanc raciste. Quand une main frappe le point qu'il faut sur le cou, est-ce que la personne meurt ?

– Oui.

– Non, dit Chiun. Ça veut dire que la personne va mourir. Elle n'est pas encore morte. Il faut du temps pour que le cerveau se déconnecte du reste du corps. Certains coups sont rapides. D'autres sont plus lents, et la mort vient plus tard. Assez tard pour qu'il rentre chez lui en Inde, avant de mourir d'une affection des reins.

– Je n'en crois rien, protesta Remo. Il aurait fallu que vous portiez ce genre de coup sans qu'il s'en aperçoive.

– Et tu es un imbécile. Tu n'as donc rien appris ? Si un homme se cogne et si rien ne se passe immédiatement ce jour-là, il se dit qu'il est guéri et qu'il n'a pas à s'inquiéter. Tu peux heurter quelqu'un ouvertement et infliger ce genre de blessure. Et dans deux jours il n'aura plus mal et dans deux mois il sera mort. N'importe quel crétin peut apprendre ça. N'importe quel crétin sauf toi. Remo, tu me fais honte. Une profanation pitoyable et incompétente du nom de Sinanju. Je t'ai vu hier soir utiliser un caillou contre ce Français dont la famille a été entraînée par ma famille. Une disgrâce. Un fiasco. Une honte.

– Mais...

– L'affaire est réglée. Je ne peux pas te laisser à ce niveau de stupidité. Il faut encore beaucoup de travail pour te hausser au plus bas niveau de compétence. Beaucoup plus de travail. Et j'ai peur de devoir être là pour m'en occuper. Tel est le fardeau du maître dévoué, qui ose tenter d'instruire les imbéciles.

– Chiun, dit Remo, la figure tendue d'un sourire qu'il ne pouvait réprimer. Chiun, je ne... je ne...

Mais Chiun avait déjà changé de chaîne pour retrouver son feuilleton du matin et levait une main pour imposer silence.

Et Remo se tut parce que personne ne troublait le Maître de Sinanju durant son répit de beauté.

– Entraîne ta respiration, dit Chiun. Je m'occuperai de toi plus tard. Et nous pourrons alors parler de notre voyage à Sinanju. C'est-à-dire, si toi et les autres racistes n'avez pas déjà oublié votre promesse.

Remo se tourna vers la porte.

– Où vas-tu? demanda Chiun.

– Louer un sous-marin.

ANTOINE DOMINIQUE

# LE GORILLE

**... revient à la charge. Avec des épisodes mouvementés, des affaires ultra secrètes. Le jeu des barbouzes féroces et sympathiques. La valse des services secrets.**

**Chez votre libraire :**

1 OISEAUX DE NUIT
2 LE GORILLE VOUS SALUE BIEN*
3 LE GORILLE ET L'AMAZONE*
4 IRISH MICMAC
5 TROIS GORILLES*
6 TENDRE EST MON CHIEN CUIT
7 LE GORILLE CHEZ LES MANDINGUES*
8 L'AFRICAN TERROR
9 APOCALYPSE BAZAR
10 LA VALSE DES GORILLES*
11 SWEET LUPANAR
12 POKER GORILLE*
13 DANS LE BABA
14 LE GORILLE SE MANGE FROID*
15 FEU AU DERCHE
16 LE GORILLE SUR CHAMP D'AZUR ET L'ENFANT PIE*
17 LA BUVEUSE DE SANTÉ
18 LE GORILLE DANS LE POT AU NOIR*
19 ... JUSQU'AU COU
20 LE GORILLE SANS CRAVATE*
21 LE CON PATHÉTIQUE

* rééditions

**Ne manquez pas de suivre la croisade meurtrière de Mack Bolan, surnommé**

# L'EXECUTEUR

Parce que sa mère, son père et sa sœur ont été victimes de la Mafia, l'Exécuteur, poussé par une haine qui jamais ne s'éteindra, lui déclare une guerre implacable. Sa vengeance est simple et féroce. Tuer, tuer, tuer... Mais la puissante organisation riposte sans merci.

Titres déjà parus :

N° 1 : GUERRE À LA MAFIA
N° 2 : MASSACRE À BEVERLY HILLS
N° 3 : LE MASQUE DE COMBAT
N° 4 : TYPHON SUR MIAMI
N° 5 : OPÉRATION RIVIERA
N° 6 : ASSAUT SUR SOHO
N° 7 : CAUCHEMAR À NEW YORK
N° 8 : CARNAGE À CHICAGO
N° 9 : VIOLENCE À VEGAS
N° 10 : CHÂTIMENT AUX CARAÏBES
N° 11 : FUSILLADE À SAN FRANCISCO
N° 12 : LE BLITZ DE BOSTON
N° 13 : LA PRISE DE WASHINGTON
N° 14 : LE SIÈGE DE SAN DIEGO
N° 15 : PANIQUE À PHILADELPHIE
N° 16 : LE TOCSIN SICILIEN
N° 17 : LE SANG APPELLE LE SANG
N° 18 : TEMPÊTE AU TEXAS
N° 19 : DÉBÂCLE À DÉTROIT
N° 20 : LE NIVELLEMENT DE NEW ORLÉANS
N° 21 : SURVIE À SEATTLE
N° 22 : L'ENFER HAWAIIEN
N° 23 : LE SAC DE SAINT LOUIS
N° 24 : LE COMPLOT CANADIEN
N° 25 : LE COMMANDO DU COLORADO
N° 26 : LE CAPO D'ACAPULCO
N° 27 : L'ATTAQUE D'ATLANTA
N° 28 : LE RETOUR AUX SOURCES
N° 29 : MÉPRISE À MANHATTAN

# LES ANTI-GANGS

**Les Anti-gangs, une équipe d'hommes durs et implacables qui tuent et se font tuer dans un combat sans merci.**

*DÉJÀ PARUS :*

AUGUSTE LE BRETON :

N° 1 : L'AS DES ANTI-GANGS
N° 2 : L'AS ET BELLE CHAUSSURES
N° 3 : L'AS ET LE CASSE DU SIÈCLE
N° 4 : L'AS ET LA MARQUISE
N° 5 : L'AS ET L'ENNEMI PUBLIC
N° 6 : L'AS ET LES TERRORISTES
N° 7 : L'AS AU SÉNÉGAL
N° 8 : L'AS ET LES MALFRATS

GEORGES PIERQUIN :

N° 9 : LE PLUS SALAUD DES TROIS
N° 10 : LA POLKA DES RINGARDS
N° 11 : LE POULET À L'ARMORICAINE
N° 12 : BASTOS À LA VOLÉE
N° 13 : TROIS MÉDUSÉS DANS UN RAFIOT
N° 14 : DES POULETS ET DES HOMMES

IMPRIMÉ EN FRANCE PAR BRODARD ET TAUPIN
7, bd Romain-Rolland - Montrouge.
Usine de La Flèche, le 12-08-1980.
6312-5 - N° d'Éditeur 10690, 3e trimestre 1980.